Endlich mitreden!

Nützliches Allgemeinwissen für den Small-Talk. Clevere Fakten zu allen wichtigen Themen, um immer im Gespräch zu bleiben

Alexander Bohm

Dieses Werk, einschließlich aller Inhalte, ist urheberrechtlich geschützt. Alle Rechte und Übersetzungsrechte vorbehalten. Nachdruck oder Reproduktion (auch auszugsweise) in irgendeiner Form, sowie die Einspeicherung, Verarbeitung, Vervielfältigung und Verbreitung mit Hilfe elektronischer Systeme jeglicher Art, gesamt oder auszugsweise, sind ohne ausdrückliche schriftliche Genehmigung des Verlages untersagt. Alle Namen und Personen sind frei erfunden und Zusammenhänge mit real existierenden Personen sind rein zufällig. Alle Inhalte wurden unter größter Sorgfalt erarbeitet. Der Verlag und der Autor übernehmen jedoch keine Gewähr für die Aktualität, Korrektheit, Vollständigkeit und Qualität der bereitgestellten Informationen. Druckfehler und Falschinformationen können nicht vollständig ausgeschlossen werden.

Inhaltsverzeichnis

Einleitung V

1   Deutsche Begriffe und Fremdwörter 1
    1.1   Deutsche Sprache – schwere Sprache? 1
    1.2   Anglizismen, die man kennen muss 3
    1.3   Begriffe aus dem Französischen 12

2   Neue Technologien und die Wissenschaft 15
    2.1   Vernetzung im Alltag und Beruf 15
    2.2   Datensicherheit 20
    2.3   Künstliche Intelligenz 24
    2.4   Welchen Unternehmen und Erfindungen gehört die Zukunft? 25
    2.5   Energiewende 31
    2.6   Abschließendes Ein-Mal-Eins der Wissenschaft 32

3   Welt, Länder und Reisen 35
    3.1   Geografie in Deutschland und der EU 35
    3.2   Restlicher Globus 40
    3.3   Reisen: Wie und womit? 43

4   Gesellschaft und Politik 49
    4.1   Weltpolitik und Geschichte 49
    4.2   Gesellschaftlicher Wandel 63

5	Wirtschaft und Finanzen	69
	5.1 Wirtschaftliche Begriffe	69
	5.2 Wirtschaftliche Systeme	75
	5.3 Wirtschaftskrisen und deren Auswirkungen	77
	5.4 Geldanlagen	77
	5.5 Selbstständigkeit	82
6	Persönlichkeitsentwicklung und Spiritualität	85
	6.1 Persönlichkeitsentwicklung: Lehren und wichtige Begriffe	85
	6.2 Spiritualität	89
7	Gesundheit	93
	7.1 Verschiedene Diät- und Ernährungsformen	93
	7.2 Der Körper des Menschen	96
	7.3 Drogen und Süchte	101
8	Unterhaltung und Kunst	103
	8.1 Literatur: Vom Bestseller bis zum Klassiker	104
	8.2 Filme: Vom Kassenschlager bis zum Klassiker	108
	8.3 Bekannte Künstler, Kunstwerke und Epochen	112
9	In alltäglichen Situationen glänzen	115
Schlusswort		119
Quellenverzeichnis		121

Einleitung

Am Anfang eines Gesprächs läuft bei dir alles rund, aber mit zunehmender Dauer der Unterhaltung wird es schwierig, mitzuhalten? Keine Sorge, es ergeht nicht nur dir so. Ob in größeren oder kleineren Gruppen – jeder hat einmal das Gefühl, bei einem Thema nicht mitreden zu können. Grund dafür ist, dass es zwischen mehreren Personen oftmals Interessenüberschneidungen gibt. Mal wird über Themen geredet, die dir absolut liegen, ein anderes Mal sind Themen im Fokus, die dir weniger zusagen. Problematisch wird es aber, wenn auffällig häufig bis gar nicht mitgeredet werden kann, weil das Allgemeinwissen bereits an den Grundlagen scheitert. Kennst du dieses Gefühl? Falls ja, dann wird dir dieses Buch sicherlich eine Hilfe sein!

Denn dieses Buch verschafft dir die grundlegenden Kenntnisse zu einem Großteil des aktuellen Zeitgeschehens. Es sollte dabei aber wirklich betont werden: Es geht um einen *Großteil* der aktuellen Themen. In diesem Umfang ist das Buch nicht imstande, jede Allgemeinwissenslücke mit Inhalten zu füllen.

Im Verlaufe des Lesens wirst du aber zu deinen Gunsten merken, dass ein solch umfangreicher Ratgeber gar nicht notwendig ist, denn der Wissensdurst wird sich von selbst einstellen. Sobald du die ersten Themen gelesen und themenübergreifende Zusammenhänge entdeckt hast, wird in dir die Lust geweckt, mehr Wissen anzusammeln. Kommen obendrein noch die ersten Erfolge in Gesprächen hinzu, wirst du möglicherweise sogar eine regelrechte *Wissensgier* entwickeln, die weit über diesen Ratgeber hinausgeht.

Nun magst du dir vielleicht die Frage stellen, wieso du überhaupt diesen Ratgeber lesen solltest, wo er dir doch „nur" den Großteil der Themen erläutert. Die Gründe hierfür sind einfach. Zum einen setzt dieser Ratgeber die Prioritäten richtig. Es werden nämlich exakt die Bereiche des Lebens ausgewählt, zu denen das Wissen aktuell am relevantesten ist. Zum anderen zeigt dir dieser Ratgeber auf, wie das gesamte Allgemeinwissen miteinander verknüpft ist. Du wirst die Schnittstellen zwischen der Wirtschaft und der Gesundheit, zwischen Redewendungen und der Geschichte sowie weiteren Themenbereichen kennenlernen. Diese Verknüpfungen werden dir die Möglichkeiten eröffnen, mit etwas Cleverness, eigenem Geschick sowie Erfahrung die Gespräche mit Mitmenschen in die gewünschte Richtung zu lenken. Das mutmaßlich wichtigste Qualitätsmerkmal dieses Ratgebers – wenn auch vordergründig nicht so spektakulär erscheinend – besteht allerdings in der Hochwertigkeit der Quellenlage und der neutralen Form der Informationsvermittlung. Heutzutage ist es nämlich aufgrund der Informationsflüsse durch Smartphones, Medien und Kommunikation mit anderen Menschen schwer, neutrale und fachlich fundierte Meinungen herauszufiltern. Viele der Quellen sind mit eigenen Stellungnahmen und Wertungen durchzogen. Als Folge dessen besteht das Risiko, dass deine eigene Meinung manipuliert wird und du gewissermaßen verfälschte oder zumindest unvollständige Fakten vermittelt bekommst.

Aber wir gehen mit diesem Ratgeber einen ganz anderen Weg: Neutralität und Sachlichkeit stehen an oberster Stelle bei der Informationsweitergabe. Hier und da werden wissenschaftlich oder zumindest gesellschaftlich fundierte Vor- und Nachteile geschildert; aber stets in einem ausgewogenen Rahmen. Auf diesem Wege bist du in der Lage, dir eine eigene Meinung zu bilden. So weichst du potenziellen Konflikten oder unangenehmen Situationen in Gesprächen aus. Um diese Sachlichkeit in der Informationsvermittlung zu fördern, erwarten dich an der ein oder anderen Stelle in den Kapiteln dieses Buches Ratschläge zu sachlichen und hochwertigen Quellen, mit Hilfe derer du dein Allgemeinwissen nach dem Lesen dieser Lektüre noch vertiefen kannst. Im Buch selbst wird nur an zwei Stellen eine Meinung eingebracht: Nämlich in der Einleitung, um dich zu motivieren, und im Schlusswort, um dir den letzten Schliff an Zuversicht zu verpassen. Denn eines sei gesagt: Allgemeinwissen lohnt sich!

1 Deutsche Begriffe und Fremdwörter

Im Laufe der Zeit hat sich die deutsche Sprache verändert. Die Veränderungen betreffen nicht nur das Wortrepertoire, sondern auch grammatikalische und orthografische Regelungen. Mittlerweile werden Kommas gesetzt, wo früher kaum welche denkbar waren. Anglizismen und Wortneuschöpfungen erweitern die Sprache. Diese sprachlichen Veränderungen werden sowohl kritisch als auch mit Wohlwollen betrachtet. Es haben sich verschiedene Parteien mit verschiedenen Meinungen gebildet. Ein Beitrag im Tagesspiegel führt die verschiedenen Stellungnahmen einiger Wissenschaftler auf, sodass du dir einen guten Überblick über die Veränderungen der deutschen Sprache verschaffen kannst. Speziell in diesem Kapitel ist das Ziel, dich bezüglich der deutschen Sprache „up to date" zu bringen. Damit du nicht nur die Wörter verstehst, sondern diese auch umsichtig und klug verwendest, sowie die Veränderungen der deutschen Sprache nachvollziehen kannst, erwarten dich bei jedem Unterkapitel einige einleitende Sätze mit nützlichem Wissen.

1.1 Deutsche Sprache – schwere Sprache?

Den Anfang bildet eine Übersicht deutscher Begriffe, die mit einfacheren Wörtern ersetzt werden können. Die Begriffe sind alphabetisch sortiert. Jeder einzelne dieser Begriffe erweitert deinen Wortschatz auf ein hohes Niveau. Ein Großteil der nachfolgend genannten Begriffe wird von Menschen im wissenschaftlichen und akademischen Sektor als Standard-Wortschatz verwendet. Außerhalb dieses Sektors ist es jedoch empfehlenswert, dass du die Begriffe sparsam verwendest. Denn solltest du auf eine Person stoßen, deren Wortschatz wenig ausgeprägt ist, dann gibst du der Person unter Umständen das Gefühl, ungebildet zu sein, wenn du die folgenden Begriffe zu häufig verwendest. Passe deine Wortwahl also immer deinem Gesprächspartner an. Die Begriffe, die du gleich kennenlernst, werden dir die notwendige Flexibilität verschaffen, um deinen Wortschatz einer größeren Menge an Personen anzupassen.

Adäquat	–	angemessen
Agil	–	beweglich; wendig
Ambivalent	–	doppeldeutig; widersprüchlich
Apathisch	–	teilnahmslos; gleichgültig
Barrierefrei	–	für körperlich eingeschränkte Menschen selbstständig zugänglich
Bizarr	–	seltsam
Brachial	–	mit aller Gewalt
Dediziert	–	(jmdm.) gewidmet
Differenziert	–	wohl überlegt; fein durchdacht
Diffus	–	unklar
Effektiv	–	wirksam
Effizient	–	wer viel Arbeit im Vergleich zum Aufwand erbringt, arbeitet effizient
Eloquent	–	redegewandt
Essenziell	–	wichtig; wesentlich
Extrovertiert	–	nach außen gekehrt; auffällig im Verhalten
Fragil	–	empfindlich; zerbrechlich
Gravierend	–	schwerwiegend
Grotesk	–	übertrieben; verzerrt
Heterogen	–	uneinheitlich
Homogen	–	einheitlich
Implizieren	–	argumentativ einschließen (Bsp.: diese Aussage impliziert, dass...)
Infantil	–	kindisch
Informell	–	lässig; locker
Introvertiert	–	in sich gekehrt; schüchtern
Katatonisch	–	verschlafen; ohne jedwede Energie
Kognitiv	–	wissentlich; die Denkweise betreffend
Konsistent	–	beständig; stabil
Konversation	–	Unterhaltung
Lapidar	–	kurz und knapp (nur in der Sprache, nicht bei Messungen o. Ä.)
Legitim	–	rechtmäßig

Marginal	–	geringfügig; unwichtig
Morbid	–	kränklich; brüchig
Narzisstisch	–	selbstsüchtig
Obligatorisch	–	verpflichtend; bindend
Opulent	–	üppig; verschwenderisch
Per se	–	an sich; von selbst
Phlegmatisch	–	träge; schwerfällig
Polarisieren	–	Gegensätze schaffen und in mehrere Lager spalten
Prädestiniert	–	geeignet; vorbestimmt (Bsp.: Er/Sie ist prädestiniert für diesen Job.)
Pragmatisch	–	praxisbezogen; lösungsorientiert
Provisorisch	–	übergangsweise
Redundant	–	mehrfach vorhanden; in der Technik/IT auch: ausfallsicher
Rudimentär	–	unzureichend; auf die Grundlagen bezogen
Subtil	–	unterschwellig
Sukzessiv	–	schrittweise
Trivial	–	simpel
Utopisch	–	übertrieben; träumerisch
Verifizieren	–	beglaubigen; beweisen
Virtuos	–	meisterhaft
Zynisch	–	spöttisch; gefühllos

1.2 Anglizismen, die man kennen muss

Neben den Fachbegriffen aus dem Deutschen gibt es die Anglizismen, die in den vergangenen Jahren zur Veränderung der deutschen Sprache beigetragen haben. Dabei handelt es sich um Wörter, die aus der englischen Sprache übernommen werden. Man verwendet in diesem Fall auch den Begriff „Denglisch", also eine Zusammensetzung der beiden Wörter „Deutsch" und „Englisch".

Warum Anglizismen verwendet werden, kann vielerlei Gründe haben. Zum einen ist ein Mangel an passenden deutschen Begriffen zu nennen. Für „online" beispielsweise gab es nie einen treffenden deutschen Begriff. Zum anderen werden Anglizismen genutzt, weil sie sich mit verschiedenen Intentionen in einzelnen Personengruppen etabliert haben. Während man beispielsweise im IT-Bereich von Haus aus auf englische Begriffe zurückgreift, machen sich Jugendliche englische Begriffe zu eigen, weil sie aus subjektiven Motiven als „angesagt" gelten oder sich durch bestimmte Trends etabliert haben. Soziale Netzwerke – wie Instagram mit der Hashtag-Funktion

– haben ebenfalls einen Anteil an der früheren und heutigen Etablierung einzelner englischer Begriffe im deutschen Sprachgebrauch.

Im Folgenden lernst du 60, querbeet über sämtliche Personengruppen zusammengetragene, Anglizismen kennen. Es werden keine moralisch fragwürdigen Begriffe erklärt. Zudem werden keine zu spezifischen Begriffe erläutert, was z. B. auf das „durchfaven" (Tweets eines einzelnen Users im Sozialen Netzwerk Twitter werden permanent favorisiert) zutrifft. Die Begriffe werden mit genau der Bedeutung erklärt, in der sie am häufigsten in der deutschen Sprache verwendet werden. Ein perfektes Beispiel hierfür ist der „Pitch", der ein Annäherungsschlag beim Golf ist, aber als häufig gebrauchter denglischer Begriff eine andere Bedeutung hat (siehe weiter unten).

Access
Zugriff

Admin / Administrator
Er ist der Verwalter über Systeme im Internet. Als solcher managt er beispielsweise die Zugriffsrechte anderer Nutzer.

Bachelor
Der niedrigste akademische Grad beim Abschluss eines Studiums. Auf den Bachelor folgt wahlweise der Master. Es gibt mit der Übersetzung „Junggeselle" eine weitere Möglichkeit, das Wort zu verwenden. So haben sich im deutschen Fernsehen in den letz-

> **Beispiel**
>
> Sicher hast du einmal einen PC, Laptop oder ein vergleichbares Endgerät der Marke Apple eingerichtet. Du kannst bei der Einrichtung nach dem Kauf verschiedene Nutzer-Accounts erstellen. Dabei besteht die Option, Administratoren zu bestimmen. Diese haben über ihren Account mehr Rechte als die Nicht-Administratoren. So können bestimmte Inhalte nur angesehen und Programme nur heruntergeladen werden, wenn der Administrator eingeloggt ist oder zustimmt.

ten Jahren die Partnersuchsendungen „Der Bachelor" und „Die Bachelorette" etabliert.

Bashing (jmdn. bashen)
Heftige und destruktive Kritik

Benching
„Die Ersatzbank drücken". Der Begriff findet seinen Ursprung im Sport, kann aber auch in der Arbeit verwendet werden. Beispiel: Der Arbeitgeber kann sich nicht für einen Angestellten entscheiden und behält die Konkurrenten aufgrund seiner Entscheidungsschwäche auf der Ersatzbank.

Big Data
Große generierte Datenmengen. Im Online-Marketing ist dieser Begriff etabliert. Aufgrund zunehmender Vernetzung und moderner Programme lassen sich immer mehr Daten über Nutzer gewinnen.

Blackfacing
Hellhäutige Menschen schminken sich oder verkleiden sich, sodass sie dunkelhäutig erscheinen. Den Ursprung findet das Blackfacing als Begriff für die Karikatur dunkelhäutiger Menschen mit rassistischem Hintergrund. Daher wird Blackfacing im negativen Kontext verwendet, wenn die stereotypische Darstellung dunkelhäutiger Menschen durch hellhäutige und bemalte Menschen praktiziert wird.

Boreout
Permanente Langeweile. Hauptsächlich am Arbeitsplatz als Begriff genutzt. Strikt zu unterscheiden ist das Boreout vom Burnout. Letzteres ist eine erstzunehmende psychische und/oder körperliche Erschöpfung.

Bossing
Mobbing durch den Chef

Brainfood
Nahrung zur Förderung der Gehirnleistung. Es zeigt sich, dass grundsätzlich jede Form von gesunder Ernährung die Gehirnarbeit fördert. Gesund sind jene Lebensmittel, die Mineralstoffe, Vitamine, sekundäre Pflanzenstoffe, langkettige Kohlenhydrate und weitere Nährstoffe enthalten und zugleich keine der Gesundheit schädlichen Inhaltsstoffe aufweisen. Als geeignetes Brainfood etabliert haben sich beispielsweise Nüsse, Kürbiskerne und Spinat aufgrund ihres besonders günstigen Nährstoffprofils.

Briefing (jmdn. briefen)
Einweisung; Information. Als Begriff häufig in der Berufswelt angewandt.

Wird jemand gebrieft, so erhält er die für die Bewerkstelligung eines Auftrags bzw. einer Arbeit erforderlichen Informationen.

Canceln
stornieren; absagen

Casual
Beim Kleidungsstil als Begriff für „locker" etabliert. Sich locker zu kleiden, kann beim Casual-Look auf verschiedene Arten erfolgen: Smart Casual, Business Casual, Casual Chic und weitere.

Cloud
Wortwörtlich: Wolke. Begriff als Speicherplatz im Internet gebräuchlich. Apple und Google bieten mit ihren Diensten iCloud bzw. Google Drive Speicherplatz für Nutzer an, der über das Internet auf dem eigenen Account jederzeit zugänglich ist und auf dem Dateien abgelegt werden können.

Crowdfunding
Gruppenfinanzierungen. „Crowd" für Menge und „Funding" für Finanzierung. Ist eine einzelne Person außerstande, eine Investition zu stemmen, kann sie sich mit anderen zusammentun und über das Crowdfunding mehr Geld zusammentragen.

Cypherpunk
Technisch versierte Personen, die sich für den Datenschutz in der elektronischen Datenverarbeitung einsetzen.

Darknet
„Dunkles Netz", bei dem die Verbindungen unter Teilnehmern – im Gegensatz zum eigentlichen Internet – manuell hergestellt werden. Es gibt für Außenstehende daher keine Möglichkeit zur Identifikation. Das Darknet ist sicher vor Angreifern, aber auch sicher vor Kontrollorganen. Deswegen wird es von einzelnen Akteuren für illegale Machenschaften missbraucht. Marktplätze mit Drogen, Amphetaminen, Kinderpornografie und weiterem sind hier anzutreffen. Es bietet aber auch positive Ansätze, weil es Oppositionellen und Aktivisten in Diktaturen die Chance bietet, ihre Meinung anonym publik zu machen.

Data Base
Datenbank

Deadline
Fristende; Abgabetermin

Digital Detox
Digitale Entgiftung. Für längere Zeit werden alle oder häufig genutzte elekt-

ronische Geräte abgeschaltet mit dem Ziel, Abstand vom digitalisierten Alltag zu gewinnen. Resultat soll mitunter die Zunahme an Energie und geistiger Ausgeglichenheit sein.

Dresscode
Kleidungsvorschrift

Eyecatcher
Blickfang. Beispiel: „Diese Dekoration ist ein echter Eyecatcher!"

Fake News, Fake Work, Fake...
Alles, wovor ein Fake steht, ist falsch. Der Begriff wird allerdings instrumentalisiert, sodass vereinzelt Dinge als Fake bezeichnet werden, die wahr sind, aber demjenigen, der eine Aussage trifft, nicht passen. US-Präsident Donald Trump nutzt den Begriff des Öfteren, um Berichte in Zeitungen, die ihm nicht gefallen, als „Fake News" abzutun. Alternativ gibt es den Begriff „etwas ist gefaked". Hiermit ist gemeint, dass etwas gefälscht ist.

Franchising
Geschäftsmodell, über das du mehr im Kapitel 5 erfährst. In Kürze erklärt, ist das Modell wie folgt aufgebaut: Es werden Einstiegsgebühren und laufende Gebühren gezahlt. Als Gegenleistung darf ein Geschäftsmodell genutzt werden, welches bereits existiert. Die Markteintrittsbarrieren für Unternehmer sinken, weil sie auf finanzielle Mittel und die Marke des Franchisegebers zugreifen.

Reale Geschichte!

Deutschland spielt bei der Fußball-EM 2016 gegen die Ukraine. Als amtierender Weltmeister und in der Öffentlichkeit ein Gentleman, ist Joachim Löw für gewisse Personen ein Idol. Mit dem Hosengate bei der EM 2016 beginnt die Stellung des Idols mutmaßlich zu bröckeln: Joachim Löw fasst sich in die Hose an der Stelle, wo sein Geschlechtsteil sitzt. Daraufhin führt er die Hand zur Nase und riecht daran.

Gate
Wortwörtlich: Tor. Im Denglisch gebräuchlicher als Suffix für Skandale. Beispiele sind die Watergate-Affäre aus den USA und Joachim Löws Hosengate bei der EM 2016.

Gendern
Die Geschlechterdebatte auf etwas anwenden. Beispiel: Wenn aktuell in Texten nicht mehr nur in der männlichen Person geschrieben werden darf, sondern auch die weibliche erwähnt werden muss (z.B. die BäckerInnen), wurde ein Teil der deutschen Sprache gegendert.

Hashtag
Das Hashtag ist zunächst das bloße Rautezeichen. In den sozialen Medien hingegen ist es mehr. Dort ist das Hashtag das Rautezeichen mitsamt der daran angereihten Worte oder Wortketten. Es wird in den sozialen Medien genutzt, um Inhalte zu umschreiben. Manchmal nutzen Personen es in der Alltagssprache zum Spaß, um ein Erlebnis oder eine Person mit einem Hashtag – also einem Wort – zu umschreiben. Dann heißt es z. B. „#atemberaubend" nach dem Besuch eines Erlebnisparks.

Hidden Champions
Unternehmen und Unternehmer, die zur Weltspitze gehören, aber weitestgehend unbekannt sind

High Potentials
Personen, die ihre Arbeitskollegen bei weitem übertreffen. Bei diesen Personen sind Eigenschaften wie Belastbarkeit, Motivation und Lernbereitschaft besonders ausgeprägt.

Influencer
„Beeinflusser". Es handelt sich um eine Person, die einen Einfluss auf andere ausübt. In den sozialen Medien sind Influencer Personen, die große Mengen an Abonnenten hinter sich stehen haben und gegen Bezahlung oder aus Prinzipien diese Abonnenten hinsichtlich einer bestimmten Sache zu beeinflussen versuchen.

Jetlag
„Flug" und „Zeitabstand" als Wortkombination. Durch die Zeitverschiebung bei fernen Reisezielen verstellt sich der Schlaf-Wach-Rhythmus, was vor Herausforderungen stellt und unangenehme Symptome bereiten kann. Mögliche Symptome sind u. a. Gereiztheit, Müdigkeit und Verdauungsprobleme.

Jobkiller
Maschine oder Gerät, die bzw. das menschliche Arbeitskräfte überflüssig macht. Mit der zunehmenden Digitalisierung ist ein Contra-Argument einzelner Arbeitergruppen, dass ihnen die technischen Möglichkeiten die Arbeitsplätze streitig machen würden.

Jobsharing
Zwei oder mehr Arbeitnehmer teilen sich eine Vollzeitstelle. Demnach teilt nicht der Arbeitgeber in Teilzeit o. Ä. ein, sondern die Arbeitnehmer unter sich. Dies ist ein innovatives Modell, das sinnvoll bei Vollzeitstellen ist, die die Expertise mehrerer Personen erfordern.

Journaling
Tagebuchführung. Der englische Begriff hat sich als neuer Begriff im Kontext mit schnelllebigen, digitalen Zeiten eingebürgert. Wer der Schnelllebigkeit und den gestiegenen Anforderungen entkommen möchte, führt ein Tagebuch.

Leak
Leck; in denglischem Kontext: Durchsickern von Informationen. Etwas/jmdn. leaken: Informationen von etwas/jmdm. durchsickern lassen

Lifehacks
Kleine Tricks und Kniffe, die das Leben und den Alltag vereinfachen.

Mindset
Einstellung

Weiterführende Inhalte...

Bekanntheit hat das sogenannte Bullet Journal erhalten, das der Planung des Alltags dient. Es wurde von Ryder Carroll entwickelt und ist eine Art der Tagebuchführung, bei der mit Stichpunkten sowie weiteren Zeichen gearbeitet wird. Nähere Informationen sowie das entsprechende Buch lassen sich auf der offiziellen Website zum Bullet Journal finden.

Monitoring
Beobachtung. „Etwas monitoren" bedeutet, etwas zu beobachten.

Mystery Meeting
Meetings, die mit Routinen brechen. Beispiel sind die Daybreaker-Events in Unternehmen: Es erfolgt ein Treffen vor dem eigentlichen Arbeitsbeginn, um den Arbeitstag mit einem gut gelaunten Tanz zu eröffnen.

Mystery Shopping
Personen treten als getarnte Testkäufer auf, um die Unternehmensqualität zu prüfen.

Namedropping
Fachbegriffe oder seltene Begriffe werden genutzt, um anzugeben. Zudem gibt es als Begriff das „droppen", welches im Gegensatz zum Namedropping urteilsfrei ist: Man droppt bestimmte Begriffe.

Nice
Nett. Wird angewandt, wenn einem etwas gefällt: „Nice!": „Das ist nett."

Patchwork
Flickwerk (in verschiedenen Kontexten). Es gibt beispielsweise die Patchwork-Family, die sich aus mehreren Ehen, Beziehungen und/oder Kindern zusammensetzt.

Paywall
„Bezahlmauer". Inhalte im Internet werden erst gegen Zahlung frei.

Pitch
Denglische Bedeutungen im wirtschaftlichen Kontext: Verkaufsgespräch; Wettbewerb um Budgets oder Etats von Unternehmen.

Powernapping
Energie-Nickerchen

Ranking
Reihenfolge

Sabbatical
Auszeit vom Beruf, nach der Schule, nach dem Studium oder in anderen Kontexten. Es handelt sich stets um eine längere Auszeit, oft dauert das Sabbatical ein Jahr lang.

Share
Teilen. Etwas mit Personen teilen. In erster Linie wird diese Ausdrucksweise bei sozialen Netzwerken und darüber vermittelten Nachrichten genutzt.

Shitstorm
Sich schnell (und plötzlich) verbreitende Kritik im Internet

Smart Data
Große generierte Datenmengen, die automatisiert miteinander verknüpft werden. Die automatisierte Verknüpfung begünstigt die Auswertung.

Spoiler
Zusammenfassung mit verratenem Ende, sodass die Geschichte langweilig wird. „Etwas spoilern" bedeutet, jemandem den Ausgang einer Geschichte zu verraten.

Trainee
Auszubildender; Praktikant

Trigger
Reiz. Wird jemand getriggert (von: jmdn. triggern), dann wird er gereizt. Trigger wird in der Psychologie auch als Begriff benutzt, um den Auslöser einer Reaktion zu beschreibt.

Underdressed
Zu leicht angezogen; zu wenig formell angezogen. Wer zu einem Abiball in Jeans und Kapuzenpullover kommt, ist underdressed. Als Gegensatz gibt es „overdressed" wobei Personen zu formell angezogen sind. Als Beispiel sind diejenigen, die mit einem Anzug zum Essen mit Freunden zu McDonald's gehen, overdressed.

Verknüpfung

Smart Data darf als eine Weiterentwicklung zu den bereits erläuterten Big Data verstanden werden. Die Unternehmen, die nicht nur Big Data generieren, sondern diese automatisiert auswerten, pflegen Smart Data. Dies geht mit einer Optimierung der Arbeitsprozesse einher und ist ein professioneller Schritt im Online-Marketing.

Update
Aktualisierung. Damit in Verbindung: „jmdn. updaten" für „jmdn. auf den neuesten Stand bringen"; „jmd. ist up to date" für „jmd. ist auf dem neuesten Stand"

Wallpaper
Bildschirmhintergrund

Wearable
In Kleidung integrierbares oder separates Gerät, das als Kleidung genutzt wird. Ein Wearable ist elektronisch und verarbeitet umwelt- sowie personenbezogene Daten. Die Smartwatch als spezielle Armbanduhr ist ein Beispiel hierfür.

Whistleblower
Person, die Details aus einem geheimen oder internen Dokument an die Öffentlichkeit bringt

Workflow
Arbeitsablauf

1.3 Begriffe aus dem Französischen

Bei all den Anglizismen darf die Aufmerksamkeit gegenüber den französischen Begriffen, die sich einen Weg in die deutsche Sprache gebahnt haben und in der deutschen Sprache einen hohen Stellenwert genießen, nicht vergessen werden. Diese Begriffe werden auch Gallizismen genannt. Im Folgenden lernst du 20 Gallizismen kennen, die ergänzend mit den bisherigen Wörtern einen letzten Feinschliff geben, um einen im Deutschen mutmaßlich überdurchschnittlichen Wortschatz zu erhalten. Die französische Sprache weckt bei bestimmten Personen den subjektiven Eindruck von Eleganz und Stil. Somit geht es für dich durch die folgenden 20 Begriffe gewissermaßen über den reinen Wortschatz hinaus. Ein Tipp ist, dass du die Aussprache der Begriffe gut übst, ehe du sie verwendest. Dabei helfen dir Online-Programme. Schon allein der Google-Übersetzer ist imstande, einzelne Wörter korrekt auszusprechen und dir damit das Üben der Aussprache zu ermöglichen.

Amourös	– die Liebe betreffend (Beispiel: „Es war ein amouröses Abenteuer.")
Bagatelle	– kleiner Zwischenfall
Charmant	– bezaubernd; für sich gewinnend (Eigenschaft: der Charme)

Contenance	–	Fassung; Haltung (Beispiel: „Die Haltung/Contenance bewahren.")	Opportun	–	vorteilhaft

Contenance	–	Fassung; Haltung (Beispiel: „Die Haltung/Contenance bewahren.")
Dementi	–	Widerspruch
Diskret	–	verschwiegen; zurückhaltend
Faible	–	Neigung; Vorliebe
Forcieren	–	voranbringen; erzwingen
Galant	–	geschickt; in Bezug auf Verhalten: zuvorkommend
Interieur	–	Innere eines Gebäudes mit der zugehörigen Ausstattung
Makaber	–	geschmacklos; übel (bei schwarzem Humor)
Memoiren	–	Aufzeichnungen und Erinnerungsstücke zu selbst Erlebtem
Opportun	–	vorteilhaft
Peu à peu	–	Schritt für Schritt
Renaissance	–	Wiedergeburt (Beispiel: „Es war eine Renaissance der Kultur.")
Ressource	–	Mittel (Beispiel: „Wir haben die Ressourcen, um dies zu erreichen.")
Suggestion	–	Annahme (etw. suggerieren)
Tristesse	–	Traurigkeit (als ästhetischer Ausdruck; nicht in ernsten Situationen)
Vage	–	unscharf (Beispiel: „Ich erinnere mich unscharf/vage daran.")
Voilà!	–	Sieh da!; Da haben wir es!

2 Neue Technologien und die Wissenschaft

Technologie und Wissenschaft entwickeln sich in einem rasanten Tempo. Daher stellen die im Folgenden aufgeführten Erkenntnisse keineswegs das Ende der Allgemeinwissenssammlung dar. Nutze dieses Kapitel als Anreiz, um dich selbst auf dem Laufenden zu halten. Denn Technologie und Wissenschaft erregen in jedem Jahr mit diversen Fortschritten Aufmerksamkeit.

2.1 Vernetzung im Alltag und Beruf

Es findet im Alltag eine zunehmende Vernetzung verschiedener Geräte über das Internet statt. In den eigenen vier Wänden wird dies „Smart Home" genannt. Bezogen auf Verbraucher und Unternehmen wird es als Internet of Things (IoT) bezeichnet. Das Internet der Dinge als ein wichtiger Fachbegriff bezeichnet also die Vernetzung verschiedenster Geräte – vom Unternehmen mit ihren Computern und Analysegeräten bis hin zum privaten Verbraucher, der durch die Nutzung der Geräte Daten an Unternehmen preisgibt.

Die Vernetzung im Alltag sorgt also für eine Gewinnung von Kundendaten aus Sicht der Unternehmen, Kunden wiederum erhalten ein verbessertes Kundenerlebnis. Es kommt zu den bereits angesprochenen **Big Data** aus dem letzten Kapitel.

Abgesehen vom Kundenerlebnis und den Big Data ergibt sich im Komfort bei der Nutzung von Geräten für den Kunden eine einschneidende Veränderung. Die Vernetzung ermöglicht es, die Steuerung einzelner Geräte zu zentralisieren. Wo früher noch mehrere Fernbedienungen oder einige Schritte zum Gerät notwendig waren, um dieses zu steuern, reicht heute unter Umständen bereits ein Smartphone. Netzwerkfähige Fernseher, Festplatten, Soundanlagen und weitere elektronische Geräte lassen sich über das WLAN mit dem Heimnetzwerk verbinden und über das Smartphone steuern. Dies entspricht dem genannten Smart Home.

„Smart" geht es auch bei anderen Produkten zu. Die **Wearables** – so werden tragbare smarte Geräte genannt – eröffnen bei sportlichen Aktivitäten Spielräume für Analysen. Wer über eine Smartwatch verfügt, kann durch die Netzwerkfähigkeit und deren Funktionsumfang die digitale Armbanduhr mit dem Smartphone verknüpfen. Die Daten werden ans Smartphone übertragen, auf dem eine präzise Auswertung der Sportaktivität über die Hersteller-App der Smartwatch möglich ist.

Die VOLVO-Tochter Polestar setzt beim Elektroauto Polestar 2[1] auf ein Infotainment-System, das auf Android basiert. Somit lässt sich das Auto mit Smartphones vernetzen. Die Öffnung der Fahrzeugtüren erfolgt z. B. über das Smartphone.

> **Beispiel**
>
> Ein Beispiel für die Preisgabe der Informationen an Unternehmen ist die Abhörfunktion des Sprachassistenten Alexa von Amazon. Mitarbeiter hören die Sprachbefehle der Verbraucher an Alexa ab, um „das Kundenerlebnis zu verbessern"; so die offizielle Stellungnahme. Dass dabei Daten der Kunden gewonnen und passende Werbungen ausgespielt werden können, um das Kaufverhalten der Kunden zu beeinflussen, kann als Kaufhilfe und ebenso als eine Manipulation der Kunden verstanden werden.

---

[1] https://www.polestar.com/de/polestar-2/

Nehmen wir speziell die Vernetzung im Beruf unter die Lupe: Hier gibt es vom medizinischen Sektor bis hin zur Großindustrie verschiedene Perspektiven durch das IoT. Im medizinischen Sektor lässt sich in Pflegeheimen schneller auf Notfälle reagieren: Sensorböden spüren auf, wann eine Person fällt und liegen bleibt. Dann setzen sie automatisiert einen Notruf ab oder informieren das Pflegepersonal. Im Sanitätsdienst lassen sich Patientendaten in Echtzeit an das Krankenhaus übertragen, sodass eine adäquate Versorgung des Patienten bis zum Moment der Einlieferung in die Notaufnahme stattfindet. Die Großindustrie schöpft aus der Vernetzung Möglichkeiten in u. a. den folgenden Bereichen:

- Logistik
- Produktion
- Marketing und Vertrieb
- Service

Die Logistik erhält laufende Erfassungsmöglichkeiten der Lieferung, die die Analyse von Gefahrenpotenzialen bei Lieferungen optimieren. Die Produktion profitiert von der Predictive Maintenance (Vorausschauende Wartung), bei der Fehler in Maschinen diagnostiziert werden. Außerdem ist die Fehlerbehebung durch andere vernetzte Maschinen möglich. Marketing und Vertrieb sind durch die Vernetzung dahingehend im Vorteil, als dass sie laufend Kundendaten übermittelt bekommen und standort- sowie interessenbezogen für den Verkauf gezielter argumentieren können. Durch eine entsprechende Softwareausstattung können automatisierte Nachbestellungen und Lieferungen für Kunden durchgeführt werden, um deren Aufwand zu senken.

Um die Rahmenbedingungen des IoT zu optimieren, wird an der Qualität des Netzes gearbeitet. Aktuell ist der Ausbau zum **5G-Netz** in aller Munde. Dies ist der Nachfolger der 4G-Technologie (alternativ LTE genannt) und die Technologie, die die Digitalisierung in der Industrie und das selbstständige Autofahren entscheidend vorantreiben soll. Die Industrien, Verkehrsknotenpunkte und andere große Akteure der Wirtschaft, Infrastruktur und des Staates werden vom 5G-Netz profitieren. Auch Privatpersonen werden dies, schließlich werden bereits jetzt schon Smartphones und andere Endgeräte mit 5G auf den Markt gebracht.

Das IoT wirkt sich auf Verbraucher und Unternehmen gleichermaßen aus. Die Spielräume, die es zur Optimierung des Alltags und der unternehmerischen Leistungen schafft, wurden beleuchtet. Aber was ist mit den Herausforderungen oder Nachteilen, die sich aus dem IoT ergeben?

2.1.1 Herausforderungen für Unternehmen und Privatmenschen

Unternehmen stehen angesichts der zunehmenden Vernetzung vor zwei zentralen Herausforderungen. Die erste besteht darin, dass viele Daten gewonnen und diese ausgewertet werden müssen. Die händische Auswertung verursacht einen Zeitaufwand, der mit der Menge der gewonnenen Daten ansteigt. Eine Senkung des Zeitaufwands und Optimierung der Datenauswertung lässt sich durch **Smart Data** realisieren; ein Stichwort, das du aus dem ersten Kapitel kennst. Durch die Vernetzung und automatisierte Auswertung der Big Data werden Smart Data erreicht. Diesen Sprung von Big Data zu Smart Data zu vollziehen, ist für Unternehmen die erste Herausforderung. Die zweite Herausforderung besteht darin, den **Datenschutz** zu gewährleisten. Denn je mehr Daten über Kunden gewonnen werden, desto mehr Daten müssen gespeichert und gesichert werden.

Weitere Herausforderungen für Unternehmen sind:

- Kosten für Digitalisierung und Umstellung auf Vernetzung
- Streichung von Arbeitsplätzen
- Gewinnung von Mitarbeitern mit Kompetenzen in der digitalen Arbeitswelt (auch Arbeitswelt 4.0 genannt)

Bei Privatmenschen bestehen die Herausforderungen in der Beschleunigung des Lebens. Die Digitalisierung begünstigt eine Beschleunigung der Kommunikation untereinander sowie der alltäglichen und beruflichen Aktivitäten.

Früher existierten zur Kommunikation Briefe. Dann kam das Telefon. Schließlich Handys und der E-Mail-Austausch zur Kommunikation. Daraufhin kamen die Smartphones, die die Kommunikation über Messenger-Dienste ermöglichten. Über die Messenger-Dienste kam eine höhere Flexibilität in der Kommunikation. Denn ein Gesprächspartner muss nicht wie beim Telefonat zum richtigen Zeitpunkt angetroffen werden, zudem muss nicht wie beim E-Mail-Austausch lange auf eine Antwort gewartet werden. Stattdessen nutzt der Gesprächspartner den Messenger-Dienst genau

Weiterführende Inhalte...

Die Dokumentation „Zeit ist Geld" des Fernsehsenders „arte" wirft einen Blick auf Aspekte wie die Beschleunigung des menschlichen Alltags. Dabei wird eine Studie des Soziologen Robert Levin und seines Teams angeführt, im Rahmen derer herausgefunden wurde, dass bei Menschen in Großstädten der Gang, die Sprache sowie andere Aktivitäten beschleunigt ablaufen. Dies wirke sich der Studie zufolge auf deren Gesundheit negativ aus.

Die Dokumentation ist nahezulegen, falls du dich mehr über die Bedeutung der Zeit im Wandel der Jahrhunderte informieren möchtest. Sie nimmt Bezug auf Industrialisierung und Digitalisierung als populäre Wandel der Arbeitswelt. Hier der Link zur Doku: https://www.youtube.com/watch?v=PqmF70g987Y&t=2461s

dann, wann es ihm zur Antwort passt. Aus der höheren Flexibilität in der Kommunikation ergeben sich aber auch höhere Erwartungen. Denn wenn jemand jederzeit „eben mal schnell" antworten kann, dann kann er es auch in einer kurzen Verschnaufpause im Trubel des Alltags machen. Folglich beschleunigt sich die Kommunikation zwischen Menschen.

Neben der veränderten Kommunikation zeigen sich Veränderungen in der Lebensweise. Das große Angebot äußert sich in den sozialen Netzwerken, über die verschiedene Personen miteinander vernetzt sind und einander an den eigenen Tagesabläufen und Aktivitäten teilhaben lassen. Es existieren Trends und Personengruppen, die den gesellschaftlichen Wandel aufgrund der Vernetzung und Digitalisierung als Problem oder einen teilweise negativen Einfluss bewerten. Ein Trend beispielsweise ist das im ersten Kapitel erklärte **Digital Detox**.

2.1.2 Wie wird sich die Vernetzung in Zukunft weiterentwickeln?

Wie die Vernetzung in der Zukunft zunehmen könnte, zeigen Produkte und Ideen, die bereits auf dem Markt sind, aber von der breiten Masse noch nicht genutzt werden. Ein Artikel der Frankfurter Allgemeine Zeitung (FAZ) gewährt einen Einblick in den vollvernetzten Alltag der möglichen Zukunft:

- Lampen, die vor dem Aufwachen das Licht auf Blau stellen, um ein sanftes Aufwachen zu ermöglichen
- Vibrierende Gabeln, die den Takt beim Kauen vorgeben
- Sensoren in elektrischen Zahnbürsten, die erkennen, in welchen Winkeln des Gebisses noch geputzt werden muss

Quelle: FAZ

Dies ist ein rudimentärer Einblick in die Vielzahl an bereits vorhandenen und zukunftsweisenden smarten Geräten.

Ferner lässt sich nur spekulieren, was die Vernetzung dem Menschen in der Zukunft bescheren wird. In einem Artikel im Handelsblatt wird die folgende Aussage der Professorin Yvonne Förster zitiert: „Die Hand-Auge-Koordination ändert sich durch den Gebrauch von Handys, Tablets und Spielkonsolen. Auch die Form, wie Erinnerungen neuronal verarbeitet und gespeichert werden, ist veränderlich durch die Medien, die wir zu externen Datenspeicherung und Bereitstellung nutzen." Diese Aussage verschafft einen Eindruck davon, wie sich die Veränderungen auf die Gehirnarbeit auswirken.

2.2 Datensicherheit

Im Bereich der Datensicherheit sehen wir uns zwei Themen gegenüber, die für das Allgemeinwissen wesentlich sind: Die DSGVO und eine Auswahl an Maßnahmen, die Verbraucher selbst zur Datensicherheit im Internet und auf dem eigenen Gerät ergreifen können. Wenn du die nachfolgenden Inhalte verinnerlichst und dich in einigen Quellen weiterinformierst, wirst du mit hoher Wahrscheinlichkeit sogar erstaunlich viel Allgemeinwissen in dieser Materie aufweisen können. Denn eines sei gesagt: Datensicherheit ist ein sehr komplexes Gebiet, bei dem bereits Grundkenntnisse eine auf Außenstehende imponierende Wirkung haben können.

2.2.1 DSGVO

Die DSGVO lautet voll ausgeschrieben Datenschutzrechtgrundverordnung. Sie wurde am 25. Mai 2016 in Kraft gesetzt. Exakt zwei Jahre später, am 25. Mai 2018, wurde sie wirksam. Sie dient dazu, das Datenschutzrecht in allen Ländern der EU zu vereinheitlichen. Mit Ausnahme gewisser Öffnungsklauseln ist das Datenschutzrecht im EU-Raum aktuell durch diese Verordnung vereinheitlicht.

> **Reale Geschichte!**
> In Ingelheim trat aufgrund des Inkrafttretens der DSGVO der gesamte Vorstand der Bewegungs- und Rehabilitationssportgemeinschaft (BSG) Ingelheim zurück.
> Grund hierfür war der gestiegene bürokratische Aufwand. Der Kassenwart bezog wie folgt Stellung: „Ich kann nicht zu 250 Mitgliedern fahren und mir unterschreiben lassen, dass ich ihnen einen Brief schicken darf." Es fand sich ein neuer Vorstand, und es stellte sich heraus, dass die Sache einfacher war als gedacht. Denn bei Vereinen gibt es nur dann eine Gefahr von Abmahnungen, wenn ein Wettbewerbskonkurrent Beschwerde einlegt.
> Da es im Reha-Bereich wenige Einrichtungen im direkten Wettbewerb zueinander gibt, ist die Lage einfacher als vom scheidenden Vorstand dargestellt.

Aufmerksamkeit erlangte die DSGVO im Jahre 2018 aufgrund der Veränderungen, die sie sowohl für Unternehmen als auch Verbraucher mit sich brachte. Während der Privatnutzer beim Surfen durch die Entscheidungsfreiheit profitiert, wie stark sein Surfverhalten von Unternehmen ausgewertet werden darf und damit der zielgruppengerechten Werbung, die zum Kauf verführen soll, einfacher aus dem Weg gehen kann, trifft die wohl stärkste Auswirkung die Unternehmen. Als Folge der DSGVO ergeben sich für diese mehrere Verpflichtungen:

- Zustimmung von Website-Besuchern für Cookies einholen
- Nur diejenigen Informationen dürfen abgefragt werden, die für den angegebenen Zweck tatsächlich benötigt werden
- Dokumentationspflichten bei der Speicherung und Verarbeitung von Daten
- Sicherheit und Geheimhaltung der Kundendaten sind bei allen Formen von Dienstleistungen – online sowie offline – zu gewährleisten

Quelle: Der Tagesspiegel

Die im Sinne des Datenschutzes erhobenen Vorschriften haben ein rationales Fundament. Allerdings bringen sie Konsequenzen mit sich, die sich selbst auf die feinsten Segmente des Privat- und Berufslebens auswirken und somit bei vielen Personen auf Unmut stoßen. Dies ist zugleich der Grund für die negativen Berichte über die DSGVO. Im Rahmen einiger skurriler Folgen kam es dazu, dass

Funktionsumfänge von Produkten nicht mehr umfassend genutzt werden konnten. Dies war zum Beispiel beim Unternehmen Yeelight der Fall: Smarte Lampen ließen sich nicht mehr mit der App steuern, weil diese den Vorschriften der DSGVO nicht entsprach. So wurden aus smarten Lampen „gewöhnliche" Lampen, bei denen lediglich das manuelle Ein- und Ausschalten per Knopf als Funktion verblieb. Das soziale Medium Facebook wiederum instrumentalisierte die DSGVO für seine Zwecke. Mit einem Klick konnten die Nutzer den neuen Privatsphäre-Regeln zustimmen – im Sinne der DSGVO. Facebook hatte darin allerdings neu verankert, dass die Nutzer automatisiert auch der Gesichtserkennung zustimmen und Facebook die Gesichter der Nutzer speichern darf.

Letzten Endes lässt sich über die DSGVO sagen, dass sie durchdachte Regelungen und Vorschriften beinhaltet. Diese sind mit Veränderungen verbunden, die zunächst auf Unmut stoßen, aber denen sich im Nachhinein ein Nutzen zusprechen lässt. Die zum Teil skurrilen Folgen, die die DSGVO hatte, sind auf Tricks wie die von Facebook, mangelnde Kenntnisse wie z. B. beim Vorstand der BSG Ingelheim sowie die Vernetzung am Beispiel von Yeelight zurückzuführen.

2.2.2 Welche Mittel gibt es zur Erhöhung der Datensicherheit für Privatpersonen?

Neben den aus der Gesetzgebung folgenden Maßnahmen sind Privatpersonen imstande, selbst für eine höhere Datensicherheit zu sorgen. Drei der Maßnahmen, die für Laien gut umsetzbar sind, sind die folgenden:

- Private Cloud
- VPN-Verbindungen
- Kdbx-Dateien

Die private Cloud ist eine Alternative zur Cloud von Anbietern wie iCloud von Apple und Google Drive von Google. Im Gegensatz zur Cloud bei Anbietern werden die Dateien bei einer privaten Cloud auf eigenen Servern gespeichert, was eine höhere Privatsphäre der persönlichen Daten mit sich bringt. Eine private Cloud kann einerseits durch Hardware, andererseits durch Software genutzt werden. Bei der Hardware bieten sich zwei Möglichkeiten: eine Festplatte an den eigenen Router über USB anzuschließen, sofern der Router diesen Anschluss aufweist, und die Einrichtung eines NAS-Servers. Ein NAS-Server ist ein Laufwerk, das mit Festplatten bestückt wird. Nach Einrichtung sind die Dateien über einen eigenen Server, der als private Cloud dient, zugriffsbereit. Als Software gibt es zwei Optionen zur privaten Cloud: OwnCloud und NextCloud. Beides ist für Laien kaum realisierbar, da IT-Kenntnisse bei Einrichtung und Pflege erforderlich sind. Dementsprechend sind die Festplatte am Router und der NAS-Server die naheliegendsten Lösungen für eine private Cloud.

Neben der privaten Cloud sind VPN-Verbindungen nützlich. Bei der VPN-Verbindung wird über einen speziellen VPN-Anbieter eine Verbindung mit einer anderen IP-Adresse als der eigenen aufgebaut. Dies bewirkt, dass niemand – nicht einmal die Regierung – den Aktivitäten des Nutzers im Internet folgen kann. Vor allem aber sichert dies gegen den Raub von privaten Daten ab, was bei unserer Erörterung im Hinblick auf die Datensicherheit im Vordergrund steht.

Kdbx-Dateien dienen der Verschlüsselung von Passwörtern. Über ein Programm – beispielsweise KeePass – werden Dateien erstellt, in denen eine Sammlung von Passwörtern vorhanden ist. Diese Sammlung bzw. Kdbx-Datei wird mit einem einzigen Passwort abgesichert. Dieses Passwort ist das Master-Passwort, über das die Datei geöffnet und der Zugang zu sämtlichen Passwörtern freigeschaltet wird. Kdbx-Dateien tragen dazu bei, dass die eigenen Passwörter geschützt sind. Der Schutz greift allerdings nur dann, wenn man parallel darauf

Weiterführende Inhalte...

Ein Artikel, der gut über die Unterschiede eines NAS-Servers und einer Cloud bei einem Anbieter informiert, ist auf heise.de zu finden. Der Link zum Artikel lautet wie folgt: https://www.heise.de/tipps-tricks/NAS-oder-Cloud-Wann-ist-was-besser-4085190.html

verzichtet, die Passwörter im Browser für jede Website zu speichern.

2.3 Künstliche Intelligenz

Von Künstlicher Intelligenz (kurz: KI oder AI aus dem Englischen für „Artificial Intelligence") spricht man bei einer Maschine oder einem Roboter, die bzw. der dazu in der Lage ist, selbstständig zu lernen und das Gelernte anzuwenden. Erste Schritte in diese Richtung gab es bereits im Jahr 1960, als der amerikanische Psychologe und Informatiker Frank Rosenblatt einen Computer entwickelte, der auf Basis des Trial-and-Error-Prinzips imstande war, sich Wissen anzueignen. Diese Entwicklung wird als Grundstein für neuronale Netzwerke verstanden. Es folgten Chatbots (Computerprogramme, die sich mit Nutzern unterhalten) und Spieleprogramme, die in verschiedenen Disziplinen menschliche Weltmeister besiegten.

Heute ist die Künstliche Intelligenz in Alltag und Beruf bereits in Anwendung, wenngleich sie scheinbar noch in den Kinderschuhen steckt. Das Fahrzeug Model S von Tesla beispielsweise ist mit einem Autopiloten ausgestattet, aber es geschah mehrmals, dass der Autopilot in stehende Fahrzeuge fuhr und auf diesem Wege Unfälle verursachte. Die noch vorhandenen maschinellen Fehler sorgen dafür, dass menschliche Aufsicht notwendig ist. Dennoch ist die Künstliche Intelligenz eine große Hoffnung mit Blick auf die Zukunft.

Deswegen wird weiter geforscht, wobei hinsichtlich der Funktionen und Fähigkeiten genauer differenziert wird, als es zuvor der Fall war: Es findet eine Unterscheidung zwischen Machine Learning (ML) und **Deep Learning (DL)** statt. Das maschinelle Lernen (ML) ist problembezogen, weil die Software darauf abzielt, Abweichungen von den Normen festzustellen. Das tiefe Lernen (DL) hingegen ist offener. Es werden mehrere Algorithmen angewandt, die zum Ziel haben, künstliche neuronale Netze zu erzeugen. Dies führt dazu, dass sich die Maschinen selbstständig verbessern und hinterfragen. Letzteres – also das Deep Learning – sowie dessen kontinuierliche Verbesserung sind das Ziel der Künstlichen Intelligenz, um möglichst sichere und fehlerfreie Systeme zu erhalten.

Aktuell kommt die Künstliche Intelligenz bereits zum Einsatz. So setzt die Medizin auf die Dienste der Maschinen in deren Rolle als Diagnosehelfer. Unternehmen nutzen die KI im kleinen Rahmen häufig für den Kundenservice, indem KI-gestützte **Chatbots** auf die Fragen der Kunden antworten und zu einer Beschleunigung des Kundenservices beitragen. Im Privatgebrauch ist die KI in Sprachassistenten weit verbreitet. Sowohl Amazons Alexa als auch Apples Siri sind mit KI-Software ausgestattet. Die KI gilt als eine der großen Erwartungen für die Zukunft, die Optimierungen in mehreren Bereichen der Gesellschaft ermöglichen soll. Gleichwohl schwingt die Frage mit, was passieren würde, falls die KI sich gegen den Menschen wenden würde. Aus diesem Grund sind die Bemühungen der Forscher zurzeit, herauszufinden und zu kontrollieren, wie die KI denkt und arbeitet.

> **Verknüpfung**
>
> Wenn du in diesem Unterkapitel etwas über den Unternehmer Elon Musk erfährst und dich selbstständig über Elon Musk näher informierst, dann wirst du wahrscheinlich auf sein Unternehmen OpenAI stoßen, das die Künstliche Intelligenz erforscht. So schaffst du eine Verknüpfung zum vorigen Unterkapitel und erfährst mehr über die KI.

2.4 Welchen Unternehmen und Erfindungen gehört die Zukunft?

In den nächsten Absätzen dieses Unterkapitels lernst du einige relevante Unternehmen und Erfindungen kennen. Wenn du dich über die folgenden Unternehmen, Erfindungen und auch die genannten Persönlichkeiten selbstständig weiterinformierst, dann wird dich dein Weg zu weiteren Themen des aktuellen Zeitgeschehens führen, sodass du dir im Bereich der Technologie ein beachtliches Allgemeinwissen aneignen wirst.

2.4.1 Tesla

Tesla ist ein Unternehmen, das Elektroautos entwickelt und produziert. Es wurde vom Unternehmer und Visionär Elon Musk am ersten Juli 2003 gegründet. Neben der steigenden Nachfrage nach E-Autos zur Senkung der Abgasausstöße im Verkehr wird Tesla seit dem Model S mit dem **autonomen Fahren** in Verbindung gebracht.

Autonomes Fahren gilt als richtungsweisende Erfindung. Die Autos der Zukunft müssten demnach keine Pedale und Lenkräder mehr haben. Durch Eingabe des gewünschten Ziels in einen Computer würde die Fahrt automatisiert erfolgen. Spinnt man den Gedanken weiter, ist es denkbar, dass die Fahrzeuge untereinander kommunizieren und dadurch den Verkehr optimieren.

Doch so weit sind wir und Tesla noch nicht. Das Model S enthält die Option zum Autonomen Fahren, ist aber ansonsten ein Elektroauto, das über Lenker und Pedale verfügt und vom Fahrer gesteuert wird.

Die Idee, bestehende Unternehmen mit weiteren visionären Ideen zu verknüpfen, zeichnet Elon Musk aus. So plant er im Silicon Valley in den USA die Errichtung diverser Solaranlagen, wobei sein Unternehmen SolarCity der Schlüssel dazu ist. Es soll der Beginn der Errichtung mehrerer SolarCities sein, bei denen die E-Autos jederzeit kostenlos aufgeladen werden können – so Musks Vision.

2.4.2 Private Raumfahrtunternehmen

Es gibt drei private Raumfahrtunternehmen, die global bekannt sind. Im Gegensatz zu staatlichen Raumfahrtunternehmen haben die privaten das Ziel,

Weiterführende Inhalte

Elon Musk ist ein Visionär, der eine große Medienwirksamkeit an den Tag legt. Er ist extrovertiert, legt kein Blatt vor den Mund und hat eine Vielzahl an innovativen Ideen, die er Schritt für Schritt umsetzt. Auch der Online-Bezahldienst PayPal ist seine Erfindung. In der Autobiografie „Wie Elon Musk die Welt verändert" erfährst du Wissenswertes über den Unternehmer und seine Ideen.

Privatmenschen Weltraumreisen zu ermöglichen. Die staatlichen Raumfahrtunternehmen hingegen verfolgen wissenschaftliche Ziele oder möchten das Weltall weiter erschließen.

Erhöhte Aufmerksamkeit wird aktuell den folgenden drei Raumfahrtunternehmen zuteil:

- SpaceX
- Blue Origin
- Virgin Galactic

Hinter den Unternehmen stehen drei Milliardäre. Bei SpaceX ist es der Tesla-Gründer Elon Musk, Blue Origin wird vom zurzeit reichsten Mann der Welt, dem Amazon-CEO Jeff Bezos, vorangebracht, und hinter Virgin Galactic steht der Brite Richard Branson. Während Jeff Bezos Reisen auf den Mond anbieten möchte und Richard Branson kein konkretes Ziel nennt, agiert Elon Musk vielfältig.

SpaceX führt beispielsweise neben den privaten Aufträgen auch Staatsaufträge aus. Zudem stellt Elon Musk Konzepte zur Kolonialisierung des Mars vor. Vonseiten der Medien wird Elon Musks Bemühungen viel PR-Intention nachgesagt. So sorgte der Abschuss des Tesla-Modells Roadster mit einer Starman-Puppe auf dem Fahrersitz in einer Falcon-Heavy-Rakete für enorme Aufmerksamkeit. Nichtsdestotrotz wird dem Erfolg von Musks Unternehmen SpaceX Recht gegeben. Denn im Gegensatz zu Blue Origin von Jeff Bezos und Virgin Galactic von Richard Branson wird die **Wiederverwendbarkeit von Raketen** und eine hohe Wirtschaftlichkeit erreicht. Die Wiederverwendbarkeit von Raketen ist ein essenzielles Kriterium, um die Kosten für Raumfahrten gering zu halten.

Alles in allem ist die private Raumfahrt eine von mehreren zukunftsweisenden Weltraumunternehmungen. Darüber hinaus existieren Unternehmen (z. B. Planetary Resources, Deep Space Industries), die den Rohstoffabbau im Weltraum zum Ziel haben.

2.4.3 Blockchain

Die Blockchain gewann durch **Kryptowährungen** an Bekanntheit. Es handelt sich dabei um ein System, das für Transaktionen von Geldern genutzt werden kann. Kryptowährungen wie Bitcoin bringen Aspekte wie die Dezentralisierung und Anonymität in Geldtransfers ein. Beide Aspekte sind auf die Blockchain zurückzuführen.

Wörtlich übersetzt handelt es sich um eine „Block-Kette". Der Name ist auf die Art zurückzuführen, wie Einheiten der Kryptowährungen errechnet und Transaktionen mit Währungseinheiten dokumentiert werden. Kryptowährungen werden nämlich auf Rechnern errechnet. Wer seinen Rechner arbeiten lässt, erhält nach errechneter Währungseinheit einen Coin und erstellt für diesen Coin in der Blockchain einen neuen Block. In diesem Block werden sämtliche Zahlungsvorgänge mit dem Coin dokumentiert. Die Dokumentation erfolgt anonym über einen privaten sowie einen Public Key. Durch die **Anonymität** ist sichergestellt, dass niemand die Zahlungsströme auf eine Person zurückführen kann.

Blockchains sind dezentralisiert, was bedeutet, dass keine zentrale Instanz – etwa eine Bank oder einen Staat – benötigt wird, um die Sicherheit der Zahlungsströme zu gewährleisten. Blockchains sind aufgrund der festen Algorithmen und der Tatsache, dass jeder Nutzer Einblick in das Netzwerk hat, fälschungssicher. Änderungen werden sofort für alle Nutzer des Netzwerks einsehbar und können zurückverfolgt werden. Eine Fälschung ist in der Theorie, jedoch nicht in der Praxis, möglich.

Die Blockchain lässt sich neben der Zahlung auch in der sicheren und dezentralen Übermittlung von Gesundheitsdaten, Steuerdaten sowie anderen Informationen anwenden. Die Übertragung der Daten erfolgt über diese Netzwerke in weit entfernte Regionen deutlich schneller, was insbesondere bei Geldüberweisungen in Entwicklungsländer Geschwindigkeitsvorteile im Vergleich zu klassischen Geldtransaktionen bereithält.

2.4.4 Genome Editing

Das Genome Editing ist eine Vorgehensweise, bei der die Gene von Lebewesen verändert werden. Es lässt sich auch von einer Genmanipulation sprechen, was eine kritische Interpretation des Genome Editings zur Folge hätte. Angesichts der Tatsache, dass hier in Entwicklungsprozesse von Lebewesen eingegriffen wird, wählen einige Nachrichtenerstatter das Wort Genmanipulation und verweisen auf eine ethische Fragestellung: Darf es überhaupt erlaubt sein, an den Genen der Menschen Veränderungen vorzunehmen?

Es scheiden sich die Geister. Denn einerseits bietet Genome Editing die Chance zur Vermeidung von Krankheiten und zur Optimierung des Menschen, andererseits ist es ein Eingriff in die Natur eines jeden Lebewesens, dessen Folgen nicht vollends klar ersichtlich sind.

> **Beispiel**
>
> Aktuell ist das Genome Editing aus ethischen Gründen und aufgrund der geringen Ausgereiftheit nicht am Menschen im Einsatz. Bei Pflanzen wird das Verfahren angewandt, um beispielsweise robustere und ertragreichere Pflanzen zu gewinnen. Am Reis wurden Projekte vollzogen, die die sogenannte Reisbräune durch die Reduktion der Aktivität eines bestimmten Gens zu verhindern versuchten. Weitere Experimente an anderen Pflanzen wurden und werden regelmäßig vollzogen.

2.4.5 3D-Druck

Beim 3D-Druck werden Gegenstände gedruckt, daher die Bezeichnung „3D" für dreidimensional und räumlich. Privatanwender haben in den eigenen vier Wänden durch Drucker in Preisklassen von 100 bis über 1.000 € die Möglichkeit, Dekoration, Schrauben oder Werkzeuge zu drucken. Es muss eine Vorlage gegeben sein, damit der Drucker Gegenstände drucken kann. Als Vorlage eignen sich Dateien in einem für den Drucker lesbaren Format. Alternativ ist es möglich – falls der Drucker diese Funktion aufweist – den Gegenstand als Vorlage einzulegen. Sollte bei einem bestellten Möbelstück eine Schraube zu wenig geliefert worden sein, so druckt der 3D-Drucker durch Vorlage einer Schraube als Muster das fehlende Exemplar nach.

Beruflich sind 3D-Drucker in den verschiedensten Bereichen denkbar, wobei die Möglichkeiten in Relation zu den Druckgeräten für Privatzwecke weitreichender sind. Durch eine größere Materialvielfalt lassen sich beispielsweise Betonklötze für Baustelle drucken. In Corona-Zeiten erlangte der 3D-Druck als Hilfestellung zur Produktion von Beatmungsgeräten in einer breiteren Masse der Bevölkerung

Aufmerksamkeit. Grundsätzlich steht die Medizinbranche dem Einsatz der 3D-Technologie offen gegenüber. Epithesen als künstliche Ohren, Augen und Nasen verschaffen einen Eindruck der Spielräume, die sich aufgrund des 3D-Drucks für die Medizin ergeben.

Aufgrund der Art und Weise, wie der 3D-Drucker die Druckarbeit verrichtet, wird von der **additiven Fertigung** gesprochen: Schicht für Schicht wird mittels Laser oder einer alternativen Technologie gepulvertes Material zu einem Produkt geschmolzen.

2.4.6 Erweiterte Realität und Virtuelle Realität

Die Erweiterte Realität taucht häufig unter dem englischen Begriff **Augmented Reality** (AR) auf, die Virtuelle Realität als **Virtual Reality** (VR). Beide Realitäten funktionieren nur in Kombination mit Endgeräten, die unsere Wahrnehmung verändern.

Die Erweiterte Realität fügt unserer Wahrnehmung Elemente zu. Bekanntheit erlangte zum Beispiel das Spiel Pokémon Go, bei dem Pokémons in unserer Umgebung gefangen werden. Diese sind über die Spiele-App auf dem Smartphone sichtbar. Die Realität wird also um das Pokémon erweitert. Ein weiterer Anwendungsbereich für die Augmented Reality ist das Marketing. Hier lassen sich mittels Augmented Reality Sofas im eigenen Wohnzimmer platzieren, bevor sie gekauft werden. Eine spezielle Brille dient als Endgerät, das das Sofa in den eigenen vier Wänden sichtbar macht. Kaufentscheidungen können durch die VR auf diesem Wege vereinfacht werden. In der Industrie wiederum hat die Augmented Reality durch sichtbare Anleitungen für Mitarbeiter das Potenzial, die Angestellten bei den Arbeitsabläufen zu unterstützen bzw. zu schulen.

Die Virtuelle Realität ersetzt unsere reale Umgebung komplett durch eine virtuelle. Als die Technik weniger entwickelt war, wurde sie zu Pilotenausbildungen eingesetzt. Damals konnte man noch nicht mit der Virtuellen Realität interagieren, sodass es zu starren Schulungen reichte – zu mehr aber nicht. Heutzutage findet eine stetige Weiterentwicklung der VR statt. Aktuell ist die Interaktion mit der VR insofern möglich, als dass sie auf unsere Bewegungen und Aktivitäten reagiert. Fühlen können wir nichts, da die Effekte rein visueller und audiophiler Natur sind. Computerspiele werden im Erlebnis durch die VR stärker, weil nicht mehr auf einen Monitor geschaut wird, sondern sich das komplette Spielszenario ringsherum um den Spieler selbst abspielt. Die Medizinbranche könnte künftig von der VR insofern profitieren, als dass sich zur Vorbereitung durch die Chirurgen vor einer Operation 3D-Abbilder der Organe von Patienten untersuchen ließen.

Schlussendlich eröffnen sowohl AR als auch VR Perspektiven in mehreren Branchen. Beachtet werden muss bei der Nutzung vor allem das Gefahrenpotenzial für Kinder und geistig kranke Personen, denen die Unterscheidung von virtueller und realer Welt in Einzelfällen schwerfällt.

2.5 Energiewende

Unter der Energiewende versteht man den Wechsel von fossilen und atomaren zu erneuerbaren und ökologischen Energieträgern, um die Energieversorgung der Bevölkerung sicherzustellen. Zu den fossilen und atomaren Energieträgern gehören beispielsweise Kohle, Erdöl und Erdgas. Es handelt sich um limitierte Rohstoffe. Vor allem aufgrund der negativen Auswirkungen auf die Umwelt und der höheren laufenden Kosten im Vergleich zu erneuerbaren Energien wird eine Energiewende forciert.

Die Energiewende soll zu einer Versorgung mit „grüner" – also umweltfreundlicher – Energie führen, die aus **erneuerbaren Ressourcen** stammt. Die Staaten haben sich individuelle sowie gemeinschaftliche Ziele gesetzt, um die Energiewende zu vollziehen. Das Ziel Deutschlands ist es, bis 2050 den Umstieg auf erneuerbare Energien vollzogen zu haben. Die Entwicklungen der letzten Jahre sprechen jedoch gegen das Erreichen dieses Ziels. Seine Vorreiter-Rolle hat Deutschland spätestens mit dem Länderranking von 2019 und dem darin 17. Platz verloren, zudem stand das Erreichen der Zwischenziele bis 2020 auf der Kippe. Letztlich scheint es, als hätte der Stillstand durch die Corona-Phase auf der Zielgeraden helfend eingewirkt, sodass die Zwischenziele wohl doch erreicht werden.

Im weltweiten Vergleich sind die **skandinavischen Länder sowie die Schweiz** Vorbilder. Schweden ist im Ranking mehrere Jahre am Stück führend, verfügt über ein umfassendes Konstrukt aus Wasserkraftanlagen und baut die Windkraftanlagen stetig aus. Darüber hinaus werden in Schweden Investoren angezogen, weil die rechtlichen Auflagen Schwedens Sicherheiten bei einer Investition in erneuerbare Energien verleihen. Dänemark hat einen stark ausgebauten Sektor für Windkraftanlagen. So lag der Anteil der gesamten Stromversorgung Dänemarks im Jahr 2017 bei 43 % allein aus Windkraftanlagen.

Möchtest du Näheres zu Maßnahmen hinsichtlich der Energiewende erfahren, dann findest du auf den offiziellen Web-Präsenzen der Bundesregierung die Möglichkeit dazu, wie z. B. beim BMBF (Bundesministerium für Bildung und Forschung). Falls du dich objektiver informieren möchtest, sind Fachzeitschriften im Internet empfehlenswert. Zu bedenken ist stets, dass eine Energiewende nur so schnell vollzogen werden kann, wie es die wirtschaftlichen, gesellschaftlichen und sonstigen Rahmenbedingungen zulassen. Der Kohleausstieg hatte z. B. den Verlust von Arbeitsplätzen zur Folge, weil sämtliche Kohlekraftwerke geschlossen wurden. Aus Gründen der Auswirkungen auf verschiedene Sektoren lassen sich die Staaten für die Energiewende mehrere Jahrzehnte Zeit.

2.6 Abschließendes Ein-Mal-Eins der Wissenschaft

Atomwissenschaft
Wird alternativ als Atomphysik bezeichnet. Dieser Bereich der Wissenschaft befasst sich mit Aufbau und Verhalten von Atomen. Auch die Bestandteile der Atome, wozu Neutronen und Protonen gehören, werden näher untersucht.

Bionik
Bei der Bionik werden biologische Erkenntnisse auf die Technik angewandt. Daher rührt der Name Bionik als Kombination der beiden Wörter „Biologie" und „Technik". Es werden im Zuge der Bionik keine Kopien der Natur erstellt, sondern die Erkenntnisse aus der Biologie zur Inspiration für technische Entwicklungen genutzt.

Exoplaneten
Exoplaneten sind alle Planeten, die nicht in unserem Sonnensystem aufzufinden sind. Sie befinden sich in Konstellationen anderer Planeten, die fernab unserer Erde um einen anderen Stern oder braunen Zwerg kreisen. Extrasolare Planeten, wie Exoplaneten auch genannt werden, werden durch verschiedene Methoden nachgewiesen, wozu u. a. die direkte Beobachtung, Radialgeschwindigkeit und

Astrometrie gehören. Für nähere Informationen diesbezüglich ist die Quelle WeltderPhysik nahezulegen.

Kryonik

Bei der Kryonik werden Menschen oder Organe eingefroren. Dieses Verfahren wird bei Erkrankungen angewandt, für die es nach heutigem Stand der Medizin keine Heilung gibt und die tödlich enden. Grundvoraussetzung für die Umsetzung sind finanzielle Mittel und das Einverständnis der jeweiligen Person. Sollte es in der Zukunft möglich sein, die Menschen wiederzuerwecken und die Krankheit mit einem Heilmittel zu therapieren, dann sollen die Menschen ins Leben zurückgeholt werden.

Nanotechnik

Vorgänge und Strukturen bis zu einer Größe von 100 Nanometern werden in der Nanotechnik untersucht. Wir befinden uns von der Größe her auf einer atomaren Ebene. Ein Ziel der Nanotechnik ist es, programmierbare Veränderungen von Materie hervorzurufen, um molekulare Produktionsformen nutzen zu können.

Quantenphysik

Die Quantenphysik sucht nach Erklärungen für Phänomene, bei denen experimentelle Messungen Ergebnisse liefern, die der klassischen Mechanik widersprechen. Die Widersprüche führen dazu, dass bestimmte Größen und Moleküle nur feste Werte annehmen können, jedoch keine beliebigen Werte, wie es ansonsten bei Molekülen der Fall ist.

Relativitätstheorie

Die Relativitätstheorie stammt von Albert Einstein und besagt, dass Raum und Zeit relativ sind. Beide Aspekte beeinflussen sich gegenseitig und hängen zudem mit der Gravitation zusammen. Demnach verläuft die Zeit unterschiedlich und richtet sich danach, wie der Bewegungszustand eines Körpers ist.

3

Welt, Länder und Reisen

Dieses Kapitel stellt dir die Welt – speziell im Hinblick auf Reisen – mit Schwerpunkt auf einige Länder vor. Ziel ist es nicht, die Geschichte der einzelnen Staaten zu durchlaufen. Dies steht teilweise im nächsten Kapitel auf dem Programm. Es geht rein um die Frage: Was haben die einzelnen Länder den Reisenden und Neugierigen zu bieten? Dieses Kapitel wählt den Schwerpunkt mit Bedacht, weil Reisen heutzutage immer beliebter werden. Im Vergleich zu den letzten knapp 50 Jahren hat sich in diesem Sektor einiges getan, sodass die Reiseintensität für Urlaube in Deutschland um 29 % angestiegen ist (Stand 2019). Zudem wurden Fernreisen beliebter. Wenn es ums Reisen geht, dann solltest du ebenfalls mitreden können. Dieses Kapitel bringt dich auf den aktuellen Stand.

3.1 Geografie in Deutschland und der EU

In diesem Unterkapitel betrachten wir Deutschland und die EU hinsichtlich deren Geografien. Dies schließt wichtige Daten zu den Bundesländern bzw. Staaten, deren Hauptstädten, Flächengrößen und Einwohnerzahlen sowie Sehenswürdigkeiten mit ein. Du wirst in der kurzen Übersicht feststellen, dass die Geografie einen engen Bezug zur Geschichte aufweist. Somit kannst du, wenn du dich entweder für Geschichte oder Geografie interessierst, ausgezeichnet beide Wissensbereiche miteinander kombinieren.

3.1.1 Deutschland

Deutschland ist ein Land mit mehr als 1.000 Jahren Geschichte. Anfangs noch in Stämme unterteilt und ohne eine klare Identität, wurde Deutschland im Laufe des Mittelalters zum größten Reich auf dem europäischen Kontinent – es war vom Heiligen Römischen Reich deutscher Nation die Rede. Die Geschichte Deutschlands hat prächtige Bauwerke, bedeutende Denkmäler und allerlei weitere Sehenswürdigkeiten hervorgebracht. Zudem warten in einigen Winkeln Deutschlands die Natur sowie moderne Bauten auf Reisende.

Mehrere Sehenswürdigkeiten vereint zum Beispiel die Hauptstadt Berlin:

- Brandenburger Tor
- Museumsinsel
- Reichstagsgebäude
- East Side Gallery
- Denkmal für die ermordeten Juden
- Berliner Fernsehturm

Wie am Berliner Fernsehturm und an der East Side Gallery ersichtlich wird, sind einige der Sehenswürdigkeiten noch nicht einmal ein Jahrhundert alt.

In weiteren Städten Deutschlands sind der Kölner Dom, das Schloss Neuschwanstein, die Dresdner Frauenkirche, die deutsche Weinstraße durch die Pfalz, die Sächsische Schweiz mit ihrer Natur, die Elbphilharmonie in Nürnberg und zahlreiche weitere Orte sowie Bauten ein Ausdruck der deutschen Geschichte und zugleich der Entwicklung in den letzten Jahrzehnte. Deutschland hat sich wirtschaftlich herausragend entwickelt, man spricht angesichts der Geschichte nach dem zweiten Weltkrieg (siehe Kapitel 4) sogar vom Wirtschaftswunder in Deutschland. Diese Entwicklung ließ Deutschland mit der Zeit gehen, sodass Historie und Moderne sich in den Städten abwechslungsreich ergänzen. Deutschland gilt als ein beliebtes Touristenziel.

Grundlegende geografische Daten in der Übersicht:

Bundesland	Hauptstadt	Fläche in km^2	Einwohnerzahl
Baden-Württemberg	Stuttgart	35.751,46	11.069.533
Bayern	München	70.541,57	13.076.721
Berlin	Berlin	891,68	3.644.826
Brandenburg	Potsdam	29.654,16	2.511.917

Bremen	Bremen	419,38	682.986
Hamburg	Hamburg	755,22	1.841.179
Hessen	Wiesbaden	21.114,94	6.265.809
Mecklenburg-Vorpommern	Schwerin	23.211,25	1.609.675
Niedersachsen	Hannover	47.709,82	7.982.448
Nordrhein-Westfalen	Düsseldorf	43.110,26	17.932.651
Rheinland-Pfalz	Mainz	19.854,21	4.084.844
Saarland	Saarbrücken	2.269,69	990.509
Sachsen	Dresden	18.449,99	4.077.937
Sachsen-Anhalt	Magdeburg	20.451,58	2.208.321
Schleswig-Holstein	Kiel	15.799,65	2.896.712
Thüringen	Erfurt	16.172,50	2.134.393

Quelle: wikipedia.org

3.1.2 EU

Der EU-Raum hat für Touristen den Vorteil, dass freier Personenverkehr gilt. Demnach können die Grenzen ohne Kontrollen überquert werden. Es muss nur ein Personalausweis mitgeführt werden, um sich bei Bedarf ausweisen zu können. Weil Deutschland im Zentrum Europas liegt, sind die Entfernungen zu den einzelnen Staaten überschaubar. Wer im Norden lebt und in die Niederlande oder nach Dänemark möchte, kann bereits in wenigen Stunden und für 15 € Busticketpreis ins andere Land.

Beliebte Touristenziele, die für Deutsche gefühlt um die Ecke liegen, sind beispielsweise Amsterdam, Paris, die spanische Küste, Venedig, Wien, Prag, Mailand und die Natur Skandinaviens. In Prag ist die Karlsbrücke mit ihrer Aussicht rund um die Stadt eine besondere Attraktion. Paris, im allgemeinen Jargon oft als die „Stadt der Liebe" bezeichnet, beinhaltet mit Notre-Dame, dem Eiffelturm, dem Triumphbogen und seinen Shopping-Meilen eine beeindruckende Menge an Touristenzielen. Wer einen Ausklang von der vielbelebten Stadt möchte, findet auf dem Land die

Weinberge der Provence inmitten der Natur. Die Niederlande und speziell Amsterdam locken viele junge Touristen. Ob daran wohl die lockeren Gesetze zum Cannabis-Konsum einen Anteil haben? Man kann nur mutmaßen...

Bei Reisen lohnt sich der Blick auf jene Länder, die nicht direkt mit dem höchsten Touristenaufkommen Europas in Verbindung gebracht werden. Auch in Staaten wie Polen, Ungarn, Slowenien und Estland ist Geschichte fest verankert und drückt sich in einem attraktiven Angebot für Touristen aus. Allem voran die im Vergleich mit Frankreich, den Niederlanden, Spanien und weiteren größeren Nationen günstigeren Preise machen den ehemaligen Ostblock für einen sparsamen und sehenswerten Urlaub zu beliebten Adressen.

Verknüpfung

Sowohl bei der deutschen als auch der europäischen und der weltweiten Geografie sind die Sehenswürdigkeiten, Landesgrenzen, Hauptstädte und weiteren Aspekte eng mit der Geschichte verknüpft. Solltest du dich mit der Geschichte auseinandersetzen, dann informiere dich immer darüber, welche Sehenswürdigkeiten aus bestimmten Epochen verblieben sind. Falls du dich über die historischen Geschehnisse informierst, dann handle genauso, indem du prüfst, was für Sehenswürdigkeiten der heutigen Geografie auf geschichtliche Ereignisse zurückzuführen sind. So verknüpfst du automatisch einen Bereich mit dem anderen. Weil du die Zusammenhänge siehst, wird es dir mehr Spaß bereiten, dich zu informieren. Also: Wenn du demnächst auf der Karlsbrücke stehst, dann bringe in Erfahrung, dass Karl der Vierte ein deutscher König war, der in Prag geboren wurde. Im damaligen Böhmen war er von den Leuten als Herrscher geliebt, und auch heute noch genießt er in der Bevölkerung ein hohes Ansehen. Für weitere Informationen zu Karl dem Vierten: Einfach mal googeln und Wissensverknüpfung anregen!

Grundlegende geografische Daten in der Übersicht:

Staat	Hauptstadt	Fläche in km²	Einwohnerzahl
Belgien	Brüssel	30.688	11.431.406
Bulgarien	Sofia	110.994	7.050.034
Rumänien	Bukarest	238.391	19.520.000
Tschechische Republik	Prag	78,866	10.637.794
Dänemark	Kopenhagen	42.921	5.806.081
Deutschland	Berlin	357.582	83.019.213
Estland	Tallinn	45.339	1.323.824
Griechenland	Athen	131.957	10.727.668
Spanien	Madrid	505.970	46.722.980
Frankreich	Paris	543.965	66.993.000
Irland	Dublin	70.273	4.761.865
Italien	Rom	301.338	60.262.701
Zypern	Nikosia	9.251	1.120.489
Lettland	Riga	64.589	1.934.379
Litauen	Wilna / Vilnius	65.300	2.794.000
Luxemburg	Luxemburg (Stadt)	2.586,4	626.108
Ungarn	Budapest	93.036	9.772.756
Malta	Valletta	316	502.500
Niederlande	Amsterdam	41.543	17.290.688
Österreich	Wien	83.878,99	8.858.775
Polen	Warschau	312.696	38.433.558
Portugal	Lissabon	92.212	10.600.000
Slowenien	Ljubljana	20.273	2.064.241
Slowakei	Bratislava	49.034	5.457.873
Finnland	Helsinki	338.465	5.517.919
Schweden	Stockholm	447.435	10.327.589

Quelle: wikipedia.org

3.2 Restlicher Globus

Wer über Deutschland und die EU hinaus reisen möchte, profitiert zunächst von einem starken deutschen Reisepass. Mit „stark" ist gemeint, dass Deutschland eines der führenden Länder ist, wenn es um eine visafreie Ein- und Ausreise in bzw. aus Staaten geht. Dort, wo ein Visum Pflicht ist, lässt es sich meistens online ohne Komplikationen beantragen.

Asien

Thailand lockt Urlauber jedes Jahr aufs Neue mit einer Mischung aus Kultur, Geschichte und Urlaubsresorts. Die Kultur und Geschichte werden im Norden Thailands durch die Vielfalt an Tempeln abgedeckt. Im Süden Thailands warten Meer und Tropen mit u. a. den populären Urlaubsinseln Phuket und Koh Samui auf Touristen.

Taiwan, Südkorea, Singapur und die Sonderverwaltungszone Hongkong sind aufgrund des Wirtschaftswachstums nennenswert. Sie werden auch als Tigerstaaten bezeichnet. Hier, wo die Wirtschaft sich dynamisch weiterentwickelt, sind hochtechnisierte Großstädte zu bereisen. Vor allem Singapur wächst mit seinen staatlich geförderten innovativen Unternehmen zu einer Wirtschaftsmacht heran.

Japan hat aufgrund seiner Traditionen beeindruckende Bauwerke, die sich besuchen lassen. Dazu gehören Sehenswürdigkeiten aus der Tradition der Samurai und die riesigen Bauwerke in Tokio. China

---

Weiterführende Inhalte...

Sollte dir einmal die Bezeichnung Eurasien als Kombination aus Europa und Asien begegnen, dann wundere dich nicht. Diese Bezeichnung ist korrekt. Denn rein plattentektonisch betrachtet, handelt es sich bei Europa und Asien um einen gemeinsamen Kontinent. Mehr zu diesem Thema erfährst du bei Lexas.

steht Japan als zweitgrößtes Land der Erde in nichts nach.

Indien mit dem Taj-Mahal als legendärem Bauwerk und den Naturspektakeln rund um den Fluss Ganges ist ebenfalls ein beliebtes Reiseziel. Zahlreiche spektakuläre Feste – z. B. das Holi, bei dem sich die Bürger mit Farbpulver bewerfen – ermöglichen eine denkwürdige Konfrontation mit der Kultur.

Nicht vergessen werden darf der gesamte Orient, der mit seinen kulinarischen Einflüssen ein weltweites Renommee hat. Das Burj Khalifa als höchstes Gebäude der Welt und die vielen Wüstenstätten sind ein Beispiel dafür, wie nahe sich im Orient Wirtschaftswachstum und Natur sind.

Afrika

Dass Afrika nicht auf die Armut reduziert werden kann, beweist eine Reise durch den Kontinent der vielen kleinen Staaten. In den ehemaligen Kolonien europäischer Staaten ist es möglich, sich gut zu verständigen, sofern in der Schule beim Englisch- und Französischunterricht aufgepasst wurde.

Der Kontinent lädt in vielen Ländern zur Erkundung der Pflanzen- und Tierwelt (Flora und Fauna) ein, wobei er sich durch seine angebotenen Safaris einen Namen gemacht hat. Insbesondere in Südafrika existieren Angebote, die speziell auf das Work and Travel nach der Schule ausgerichtet sind. Volljährige Personen können hier zum Beispiel bis zum 27. oder 28. Lebensjahr ein Jahr lang an der Seite von Rangern arbeiten. In den anderen Staaten Afrikas überwiegen die sozialen und humanitären Programme für Personen nach deren Schulabschluss.

Afrika ist zugleich der Kontinent der Pharaonen. Noch weit vor der Antike herrschten in Ägypten Personen und Kulte, die sich anhand der Bauwerke, der Hieroglyphen und der vielen verbliebenen Artefakte vor Ort auskundschaften lassen.

Amerika

Von Süd- über Mittel- bis nach Nordamerika begegnen Reisende einem bunten Mix aus Kulturen, Traditionen und Touristenangeboten. Ein interessanter Staat in diesem Zusammenhang ist Kuba, der aufgrund der Feindschaft mit den USA der Globalisierung weitestgehend entkam. Hier lässt sich trotz erster Filialen von McDonald's für Touristen das Leben noch so traditionell erleben, wie es sich in Kuba unabhängig von den globalen Einflüssen des letzten Jahrhunderts entwickelt hat.

Im Norden dominieren die USA als Wirtschaftsmacht und global in vielerlei Hinsicht präsenter Akteur das Geschehen. Die USA geben den Touristen nahezu alles, was sie sich wünschen. In Florida warten Strand und Sonne über das gesamte Jahr. Las Vegas bietet mit seinen Casinos Spiel, Spaß, Party und vieles mehr. In Los Angeles ist die erfolgreichste Filmindustrie der Welt – Hollywood – beheimatet. Nationalparks wie der „Yellowstone Nationalpark", der „Grand-Canyon-Nationalpark" und der „Yosemite-Nationalpark" warten auf Naturliebhaber. Zusätzlich bietet sich Touristen, die möglichst viele Eindrücke sammeln möchten, die Route 66 als die „Mutter aller Straßen" an. Wer diese Straße entlangfährt, sammelt Impressionen auf mehr als 2.000 Meilen Länge. Die Straße führt durch zahlreiche Bundesstaaten, bekannte Städte und ermöglicht Abstecher zu vielen Sehenswürdigkeiten.

In Südamerika zeigen sich vereinzelt prächtige Kolonialbauten, wie es beispielsweise in Perus Hauptstadt Lima der Fall ist. Berühmtheit haben die historischen Hinterlassenschaften der Azteken, der Maya und anderer indigener Völker erlangt. Die Osterinsel ist ein präferiertes Ziel von Personen, die sich mit dem Wirken indigener Völker auseinandersetzen möchten. Diverse Metropolen Südamerikas weisen Bauwerke oder Monumente mit Jahrtausende altem Ursprung auf. Strände und Museen sowie weitere klassische Touristenangebote sind ebenfalls vorhanden.

Australien und Ozeanien

Dieser Kontinent umfasst Australien als größtes Land sowie die umliegenden Staaten. Unter den umliegenden Staaten ist Neuseeland ein häufiges Ziel von Auslandsreisenden. Mehrfache Triumphe bei den Rugby-Weltmeisterschaften lassen Neuseeland eine gewisse Sportkultur attestieren. Zudem sind Überbleibsel der indigenen Maori-Völker auffindbar.

Nach Neuseeland und Australien führen viele Programme für die Zeit nach der Schule. Jungen Personen werden beim Work and Travel oder bei speziell organisierten Aufenthalten Möglichkeiten offeriert, das Land zu erkunden und auf Tuchfühlung mit den Lebensweisen der Bevölkerung zu gehen.

Während Neuseelands Sehenswürdigkeiten größtenteils mit der Natur verbunden sind, hat Australien mehrere prächtige und weltbekannte Bauwerke zu bieten. Dazu gehört mitunter die Sidney Opera, die regelmäßig von berühmten Persönlichkeiten aus aller Welt besucht wird. In Melbourne warten Kunst, Museen und botanische Gärten auf Touristen.

Sowohl Neuseeland als auch Australien lassen sich gewissermaßen als Surfer-Paradiese bezeichnen. Die dortigen Strände mit ihren Wellen locken Surfer aus aller Welt an.

3.3 Reisen: Wie und womit?

Der deutsche Reisepass ist einer der praktischsten auf der Welt. Kaum ein Reisepass der Welt ermöglicht die visumfreie Einreise in so viele Staaten wie der deutsche Reisepass. Solltest du nähere Informationen zur Visapflicht- und Visafreiheit bei der Reise in verschiedene Staaten benötigen, dann findest du hochaktuelle Informationen auf der Website des Auswärtigen Amtes.

Angesichts der Vorteile des deutschen Reisepasses, der zusätzlich vorhandenen Möglichkeiten zur Einreise mit dem Personalausweis in einzelne Staaten und dem freien Personenverkehr innerhalb der Grenzen der EU ist die bürokratische Organisation von Reisen für Deutsche als einfach zu bezeichnen.

Neben der bürokratischen Organisation von Reisen drehen sich weitere Fragen um die Planung und Umsetzung von Reisen. Dazu gehören die Art des Reisens (luxuriös oder bescheiden?), das Reisemittel und diverse Vorschriften vonseiten des Gesetzes und von Reisegesellschaften.

3.3.1 Backpacker, Flashpacker und Co. im Überblick

Während für die einen eine Reise mit Kreuzfahrten, Aufenthalten in Hotels und weiteren Touristenunterkünften sowie klassischen Tourismus-Angeboten verknüpft ist, wählen die anderen eigenständigere Ansätze.

Die unterschiedlichen Arten zu reisen können in verschiedene Begriffe kategorisiert werden. Drei davon, die dir womöglich noch nicht untergekommen sind, aber grundlegend wichtig sind, sind die folgenden:

- **Backpacker**
  Dies ist ein Rucksackreisender, der nicht an einem Ort verweilt und häufig ein geringes Budget zum Reisen benötigt.

- **Flashpacker**
  Erweitern die Rucksackreisen um komfortable Extras. Reisen mit höherem Budget und höheren Ansprüchen, wechseln ansonsten die Orte regelmäßig.

- **Digitale Nomaden**
  Führen ein multilokales Leben, weil sie von jedem Ort der Welt aus arbeiten können, und verknüpfen auf diesem Wege Urlaub mit Arbeit.

Die Backpacker verstehen sich als Abenteurer. Das Reisekonzept bringt die hierfür erforderlichen Komponenten Offenheit und Spontanität mit sich. Es werden dabei keine Unterkünfte gebucht und meist keine konkreten Reiseziele ausgesucht. Backpacker nehmen nur das Nötigste mit sich. Einige Personen nehmen sogar rechnerisch gesehen zu wenig Geld für die Dauer eines Aufenthalts mit, weil sie damit rechnen oder aus Erfahrung wissen, dass sie durch den Kontakt mit Einheimischen und anderen Reisenden Wege finden werden, sich zu finanzieren. Bei Backpackern ist ein möglichst authentischer Einblick ins Reiseland das Ziel, der durch diese Reiseart erreicht werden soll. Dem Reiseportal expedia.de zufolge sind die meisten Backpacker aus Nordamerika, Westeuropa, Australien und Neuseeland zwischen 18 und 33 Jahren alt.

Wer etwas älter ist und einen hohen Komfort bei gleichzeitiger Verknüpfung mit Abenteuern und Ortswechseln auf Reisen wünscht, findet im Flashpacking die Möglichkeit dazu. Flashpacker sind in vielerlei Hinsicht wie Backpacker, nur dass sie die Reisen mehr planen und höhere Ansprüche an den Komfort haben. Häufig handelt es sich um Personen, die bereits einige Zeit gearbeitet haben und sich den Komfort auf Reisen leisten können. Anstelle großer Schlafsäle mit mehreren Personen werden Hotels mit Einzelzimmern gewählt und das Flugzeug wird dem Trampen vorgezogen – dies sind einige Beispiele dafür, wodurch sich Flashpacker von Backpackern unterscheiden können.

Schlussendlich gibt es mit den digitalen Nomaden eine Personengruppe, die arbeitet und zugleich Urlaub macht. Diese Personen sind aufgrund ihres Berufs imstande, von jedem Ort der Welt aus zu arbeiten. Wer beispielsweise im Online-Marketing tätig ist, braucht unter Umständen nur seinen Laptop und vor Ort eine Internetverbindung. Weitere Berufe mit Ortsunabhängigkeit sind einige der künstlerischen Tätigkeiten. Wie der digitale Nomade verreist und ob er luxuriös oder bescheiden vor Ort untergebracht ist, entscheidet er selbst. Zentrale Eigenschaft ist, dass digitale Nomaden Arbeit und Reisen kombinieren. Morgens arbeiten, mittags in der Karibik Cocktails schlürfen – absolut denkbar bei digitalen Nomaden.

Neben den Backpackern, Flashpackern und digitalen Nomaden gibt es weitere Arten von Reisenden, wozu u. a. die Pauschalreisenden, Pilgerreisenden und Geschäftsreisenden gehören. Unterteilungen sind anhand von Reisemotiven, Reisedauer, Verkehrsmittelnutzung sowie weiteren Aspekten möglich. Mit den näher vorgestellten Backpackern, Flashpackern und digitalen Nomaden wurde speziell auf die drei Reisearten eingegangen, die heute sehr im Trend liegen und nicht dem Üblichen entsprechen.

3.3.2 Flugzeug, Auto und weitere Reisemittel im Vergleich

Die Wahl des richtigen Reisemittels sorgt für Diskussionen in der Gesellschaft und konfrontiert verschiedene Ideologien miteinander. Reisen mit dem Flugzeug werden von umweltbewussten Personen oft aufgrund des hohen Schadstoffausstoßes von Flugzeugen kritisiert. Damit haben sie nicht Unrecht, denn ein Vergleich zeigt, dass ein Hin- und Rückflug von Frankfurt nach Dubai einen Ausstoß von 2,9 Tonnen CO_2 zur Folge hat, während ein Auto bei den rund 12.000 Kilometern für diese Distanz 2 Tonnen CO_2 und somit fast eine Tonne weniger ausstößt. Zudem kommt hinzu, dass bei Flugreisen die Schadstoffe in beträchtlichen Höhen ausgestoßen werden, wodurch sie mehr Schaden anrichten als beim Fahrzeug.

Also war es das für das Flugzeug als Verkehrsmittel? Nicht unbedingt. Denn Tatsache ist, dass mit dem Flugzeug ein gewisser Komfort verbunden ist. Und einige Distanzen lassen sich nun einmal nicht per Auto wirtschaftlich sinnvoll überbrücken, wie z. B. eine Reise von Deutschland in die USA. Wer die Wartezeit am Flughafen, die Gebühren für das

Abstellen des Autos auf einem sicheren Parkplatz am Flughafen sowie die alternativen Reisemittel abwägt und für sich rational begründen kann, dass eine Reise mit dem Flugzeug am meisten Sinn macht, wird in Diskussionen über das gewählte Reisemittel eine gute Figur abgeben.

Wie steht es mit den Alternativen zum Flugzeug: Bus, Bahn, Auto oder eine andere Variante? Tatsächlich hängt vieles von der Auslastung der Verkehrsmittel im Vergleich untereinander ab. Eine Fernbusreise ist unter Umweltaspekten mehr zu begrüßen als eine Reise mit dem Auto, weil der Fernbus aufgrund der vielen Passagiere eine größere Auslastung aufweisen wird. Je größer die Auslastung, umso mehr verteilt sich der Schadstoffausstoß auf die einzelnen Passagiere. Im Vergleich zur Bahn genügt dem Auto eine 30-prozentige Auslastung – bei einem Viersitzer beispielsweise im Schnitt 1,5 Personen – um umweltfreundlicher zu sein.

Welche Kriterien sind neben der Umweltfreundlichkeit bei der Bewertung eines Reisemittels wichtig? Der Preis spielt eine Rolle! Beim Auto kalkulieren Personen des Öfteren nur Sprit ein, aber nicht die Abnutzung des Fahrzeugs sowie die möglichen Reparaturen. Darüber hinaus ist die Fahrt mit dem Auto damit verbunden, dass sich der Fahrer auf den Verkehr konzentrieren muss und bei größeren Reisegruppen weniger am gesellschaftlichen Geschehen im Auto (z. B. Spiele, Diskussionen) teilhaben kann. Die Bahn mit ihren

Weiterführende Inhalte...

Letzten Endes hat jeder das Recht, so zu reisen, wie es ihm beliebt. Tatsächlich ist es bei der Wahl des Reisemittels so, dass einige Meinungen gegensätzlich verlaufen. Manche Personen sehen darin eine politische Debatte über die Umwelt, andere möchten Gesprächspartnern den Komfort von Flugreisen schmackhaft machen. Wichtig ist, dass du die genannten Hinweise in diesem Unterkapitel annimmst und dir eine eigene Meinung bildest. Bleibe gleichzeitig jedoch offen für andere Vorschläge und Gedankengänge. Ein Spagat zwischen dem Einstehen für die eigene Meinung und der Offenheit für andere Gedankengänge ist ein wichtiges Glied in der zwischenmenschlichen Kommunikation, um sich mit anderen Personen gut zu verstehen.

Sparpreisen sowie Familientickets und die Fernbusse mit durchschnittlichen Preisen von ca. 4 Euro für 100 Kilometer Fahrt sind in der Preisgestaltung entgegenkommend und oftmals günstiger als das eigene Auto.

3.3.3 Welche Vorschriften sind bei einzelnen Reisen zu beachten

Bei Flugreisen sind umfassende Sicherheits- und Gepäckvorschriften zu beachten. Die Bundespolizei informiert diesbezüglich umfassend auf ihrer Website. Eine wichtige Unterscheidung findet dabei zwischen dem Handgepäck, das in das Flugzeug zum eigenen Sitzplatz mitgenommen werden darf, und dem aufzugebenden Gepäck statt. Neben den offiziellen Regelungen kann es bei jeder Airline abweichende Regelungen geben. Alles, was im jeweiligen Gepäck nicht mitgeführt werden darf, wird am Flughafen aussortiert. Dazu kann auch die Powerbank gehören, die im Handgepäck mitgetragen wird, sofern die Airline streng ausgelegte Regeln hat.

Allgemeinhin ist bekannt, dass Flüssigkeiten, Medikamente und Spezialnahrung nur unter besonderen Auflagen und in definierten Mengen im Handgepäck transportiert werden dürfen.

Ansonsten ist hinsichtlich der Vorschriften die Einhaltung der Richtlinien bei Ein- und Ausreise wichtig. Wer sich ohne Visum in visapflichtigen Ländern aufhält, kann schlimmstenfalls für mehrere Tage ins Gefängnis kommen, weil er als illegaler Einwanderer bewertet wird. Informationen lassen sich auf der bereits erwähnten Website des Auswärtigen Amtes einholen. Es gibt für jeden Reisezweck spezielle Visa, sodass sich auch längerfristige Aufenthalte von einem Jahr realisieren lassen. In einigen Staaten reicht sogar die Einreise allein mit dem Personalausweis, wie es zum Beispiel bei der Türkei der Fall ist. Innerhalb der EU herrscht ohnehin freier Personenverkehr. Dennoch ist die Mitnahme eines Personalausweises Pflicht, um sich – wie auch in Deutschland – bei Bedarf ausweisen zu können.

4

Gesellschaft und Politik

Der Schwerpunkt liegt in diesem Kapitel auf Deutschland. Deutschland hatte im Mittelalter, davor und darüber hinaus eine glorreiche Geschichte. So erstreckte sich das Heilige Römische Reich Deutscher Nation seinerzeit über große Teile Europas. Im letzten Jahrhundert stand Deutschland einerseits aufgrund des Nazi-Regimes, andererseits aufgrund der positiven Veränderungen danach im Mittelpunkt des europäischen und oftmals auch des Weltgeschehens. Von der deutschen Geschichte aus lässt sich eine Vielzahl an Geschehnissen auf der gesamten Welt nachvollziehen. So war die Ost-West-Teilung Deutschlands bis zum Mauerfall ein Spiegelbild des kalten Krieges zwischen den USA und Russland; eines Krieges, der seit dem zweiten Weltkrieg bis heute in entscheidenden Fragen der Weltpolitik eine zentrale Bedeutung innehatte.

4.1 Weltpolitik und Geschichte

4.1.1 Deutschlands Geschichte

Bei der deutschen Geschichte ist das Finden eines Anfangs schwierig, weil es lange dauerte, bis der Begriff „Deutsch" in irgendeiner Form Einzug hielt. Davor gab es mitunter das Frankenreich. Exakt an dieser Stelle setzt die ZDF-Dokuserie „Die Deutschen" den Anfang der deutschen Geschichte – woran wir uns anlehnen. Anschließend überspringen wir die dunklen Zeitabschnitte des Nazi-Regimes sowie den zweiten Weltkrieg, weil beidem mit der heutzutage nach wie vor präsenten Erinnerungskultur Genüge getan wird. Stattdessen betrachten wir das Wirtschaftswunder BRD und die kommunistische DDR von nach dem zweiten Weltkrieg bis zum Mauerfall.

4.1.1.1 Vor dem Zweiten Weltkrieg

<u>8. und 9. Jahrhundert:</u>
Die Geschichte Deutschlands beginnt bei den Franken mit Karl als ihrem König, der zudem über die damalige Lombardei (heutiges Norditalien) herrscht. Karl ist Christ und ebenso die Bevölkerung, über die er herrscht. Sein Ziel ist die Eroberung weiterer Gebiete und die Missionierung der dortigen Bevölkerung zum Christentum. Im Jahre 772 kämpft er gegen die Sachsen, die er als Barbaren betrachtet und die er zum christlichen Glauben bekehren möchte. Dies gelingt aufgrund des Widerstands des Rebellen Widukind nur mit Gewalt.

Karl annektiert Sachsen zu seinem Königreich. Während er sich dem Studium von Schriften widmet und es durch sein Wirken zu einer Renaissance der Bildung kommt, toben in Sachsen weiterhin die Rebellen. Karl entschließt sich, mit den Sachsen um des Friedens Willen zu verhandeln. Im Zuge der Verhandlungen wird Widukind verschont, muss sich aber taufen lassen und zum Christen werden. Nachdem der Frieden besiegelt wurde, widmet sich Karl dem Ausbau und der Erneuerung des Reiches. Er macht Aachen zum Regierungssitz. Aber die Ambitionen Karls sind höher: Er will die Wiedergeburt des Römischen Reiches mit ihm an der Spitze. Aufgrund der engen Verbindung zum Papst lässt sich dies realisieren. Der Papst krönt Karl zum Kaiser und ernennt ihn zum weltlichen Herrscher. Es ist der Beginn des Heiligen Römischen Reiches, das später „Heiliges Römisches Reich Deutscher Nation" heißen, von deutschen Königen regiert werden und sich über Großteile Europas erstrecken wird. Aufgrund seiner Verdienste erhält Karl den Beinamen „Der Große".

<u>12. Jahrhundert:</u>
Friedrich II. ist eine Art Popstar unter den Königen. Er kommt in Sizilien zur Welt und wächst in einer Umgebung aus vier Kulturen auf. Er beherrscht mehrere Sprachen, dichtet und lebt ein freizügiges Leben. Nebenbei interessiert er sich für verschiedenste Schriften, für die Natur und ist ein überzeugter Christ. Aufgrund seiner Herkunft aus Sizilien bestehen Zweifel innerhalb Deutschlands an seiner Eignung als König. Er reist nach Aachen, um sich als König bestätigen zu lassen. Bei seiner Bestätigung durch die deutschen Fürsten verspricht er, Jerusalem zu befreien

– dieses ist seinerzeit in muslimischer Hand – und es den Christen als heilige Glaubensstätte wiederzugeben. Dies ist seitens des Papstes die Bedingung, um ihn zum Kaiser zu krönen.

Obwohl der Kreuzzug gelingt und Friedrich II. auf friedliche Weise mit den Muslimen eine Übereinkunft aushandelt – dies ist maßgeblich seinen interkulturellen Kompetenzen und seiner arabischen Sprachkünste zu verdanken –, bleibt die Krönung zum Kaiser aus. Friedrich II. hat den Papst zu lange warten lassen. Er wird von der Kirche ausgeschlossen und stirbt als deutscher König im jungen Alter an einer tückischen Krankheit.

Was nach Friedrich II. verbleibt, sind dessen hohes Ansehen unter der damaligen Bevölkerung und seine Verdienste im Rahmen der Wissenschaften. Schriften, die er hinterließ, lassen ihn in den Augen von Experten gewissermaßen als einen Begründer der Naturwissenschaften im damaligen deutschen Reich dastehen. Er wurde von der Bevölkerung und ihm nahestehenden Personen als das „Staunen der Welt" bezeichnet, weil er sich für zahlreiche Themen fasziniert und ein breites Wissen an den Tag gelegt hat.

14. Jahrhundert:

Im 14. Jahrhundert wütet in Deutschland die Pest. Zu dieser Zeit ist Karl IV. König. Er ist in Prag geboren und verbringt dort bis zum Tode den Großteil seiner Lebenszeit. Er lebt in Zeiten des Aufruhrs – nicht nur wegen der Pest, sondern auch aufgrund legendärer Überschwemmungen und zahlreicher Kriege sowie Feindschaften. Deutschland befindet sich gerade in Zeiten des Aufschwungs, als das Land von den Überschwemmungen und der Pest heimgesucht wird. Karl IV. kann nicht mehr machen als die Zeit der Pest abzusitzen. Prag bleibt von der Pest verschont, weswegen er sich vor allem dort einsetzt und Großartiges bewegt. Bis heute erinnern sich Bürger Prags zum Teil an den Herrscher, der Kunst, Kultur und Wissenschaft förderte. Die Karlsbrücke inmitten Prags steht heute noch und ist ein häufiger Anlaufpunkt von Touristen.

Karl IV. verbleibt in der Geschichte als ein zwiespältiger Charakter, der in schweren Zeiten lebte. Einerseits war er Unterstützer der in damaligen Zeiten benachteiligten sowie gejagten Juden, andererseits genehmigte er einen der ersten Pogrome der Geschichte gegen die Juden. Dennoch gelingt Karl IV. ein wichtiger Verdienst: Er schafft bei der Wahl des Königs ein Regelwerk und macht damit die bis dahin immer unklare Wahl des Königs transparenter.

16. Jahrhundert:

Ein Reich, ein Glaube, ein Kaiser – oder doch nicht?! Martin Luther stemmt sich gegen diese These und wird zum Begründer des Evangelismus. Niemand stehe Luther zufolge zwischen dem Glauben und der Bevölkerung. Darüber hinaus gebe es keinen Stellvertreter Gottes auf Erden – diese Aussage ist seinerzeit ein Angriff auf den Papst. Der damalige König Deutschlands, Karl V., erklärt Luther bei einer Anhörung zum Feind und Ketzer. Luther gelingt es, mit der Unterstützung des Kurfürsten von Sachsen, Friedrich dem Weisen, den Verfolgern und somit dem Tode zu entkommen.

Auf der Wartburg in Sachsen und somit in Sicherheit untergebracht, übersetzt er die Bibel ins Deutsche. Somit wird die Heilige Schrift der Bevölkerung verständlich. Die Erfindung des Buchdrucks sorgt zugleich für eine massenhafte Verbreitung. Luther wird zur Stimme des Volkes. Neben Luther existiert mit Thomas Müntzer ein weiterer Aufständischer, der in seinen Bemühungen weiter geht und radikaler ist: Er setzt gemeinsam mit den Bauern auf kriegerische Handlungen, um deren Ausgrenzung und die Leibeigenschaft durch die Fürsten zu beenden. Er sieht ein kommunistisches System vor. Der erste Bürgerkrieg in Deutschland findet statt, in dem Tausende von Bauern vernichtend geschlagen werden und zu Tode kommen. Müntzer selbst wird hingerichtet.

Luther hingegen entscheidet sich gegen die Unterstützung der Bauern und wendet sich den Kurfürsten zu, was dessen Leben rettet. Er heiratet und verbreitet seine Thesen weiter. Schließlich stirbt er aufgrund seines Alters. Karl V. – mittlerweile ist er Kaiser – gelingt es nicht, Luthers Anhänger niederzuschlagen. Die Reform setzt sich fort, auch in den folgenden Jahrhunderten, bis 1648 das erste deutsche Grundgesetz niedergeschrieben wird. Es herrscht keine Monarchie mehr. Der heute bekannte Föderalismus wird schriftlich festgehalten und die Macht sowie der Glauben auf deutschem Boden werden getrennt.

18. und 19. Jahrhundert:

Das Heilige Römische Reich Deutscher Nation bröckelt bereits, aber Napoleon, Frankreichs Eroberer und Diktator, erobert es Anfang des 19. Jahrhunderts endgültig. Frankreich erstreckt sich durch Napoleons Eroberungszüge fast über ganz Europa. Nach seiner schweren Niederlage beim Russland-Feldzug 1812 und der vernichtenden Schlacht bei Waterloo drei Jahre später verliert Napoleon seine Territorien.

Was nach Napoleon verbleibt, sind nachhaltige Veränderungen der europäischen Staaten, die sich bis heute positiv in den Grundgesetzen widerspiegeln. Teile des von ihm 1804 in Kraft gesetzten „Code Civil" sind heute noch in Frankreich gültig. Das Heilige Römische Reich Deutscher Nation soll nach Napoleon kein Wiedererleben mehr haben. Stattdessen bilden sich einzelne Staaten wie Österreich, Bayern, Württemberg und Preußen heraus. Preußen wird in den folgenden Jahren zu einer militärischen Großmacht.

20. Jahrhundert

Infolge eines Attentats auf den österreichisch-ungarischen Thronfolger Franz Ferdinand sowie dessen Gattin erklärt Österreich-Ungarn den Serben den Krieg. Aufgrund der Bündnisse zwischen verschiedenen Staaten kommt es damit zu einer Konfrontation der Großmächte Deutschland, Österreich-Ungarn und dem Osmanischen Reich auf der einen Seite mit den Großmächten Großbritannien, Frankreich und Russland auf der anderen Seite.

Da diese Staaten Kolonialbesitz auf dem gesamten Globus haben, kommt es zur Ausweitung des Krieges auf die gesamte Welt. Ohne dass ein Ende absehbar ist, bekriegen sich die Staaten, wobei es

> **Verknüpfung**
> Vielleicht ist dir aufgefallen, dass Waterloo auch als Begriff für ein Debakel steht. Genau dieses erlebte Napoleon bei Waterloo, weswegen der Begriff heute als Synonym für große Niederlagen verwendet wird.

zu Hungerkriegen aufgrund der für den Krieg benötigten Ressourcen kommt. Als die USA 1917 auf der Seite der Briten, Franzosen und Russen in den Konflikt eintreten, wird der Krieg zugunsten der drei Großmächte beeinflusst, und Deutschland, Österreich-Ungarn sowie das Osmanische Reich gehen als Verlierer hervor.

Die auf den ersten Weltkrieg folgenden Beschlüsse der Siegermächte lassen viele eigene Staaten entstehen, sind aber rückblickend betrachtet gegenüber allen Staaten unterschiedlich gewichtet, sodass vor allem die Deutschen durch die Franzosen mit hohen Bestrafungen sowie Reparationszahlungen bedacht werden. Dies wird in den Folgejahren von den Nationalsozialisten, die den zweiten Weltkrieg verschulden, als Argumentation für den Nationalismus gewertet. In Russland entstehen nach dem Ersten Weltkrieg Bürgerkriege, die zu einer Etablierung der kommunistischen Ideologie führen. Diese wiederum steht im Gegensatz zum Kapitalismus der USA, was das Fundament des bis heute angespannten Verhältnisses zwischen Russland und den USA bildet.

4.1.1.2 Nach dem Zweiten Weltkrieg

Anfang Mai 1945, nach dem Zweiten Weltkrieg, sind in Deutschland die Großstädte zur Hälfte zerstört, es gibt kaum Wohnraum und selbst Trinkwasser ist kaum noch vorhanden. Hinzu kommt die Ungewissheit, welche Zukunft die Siegermächte für Deutschland und die Bevölkerung vorgesehen haben.

Mitte Juli 1945 wird im Potsdamer Schloss Cecilienhof beschlossen, dass Deutschland als Land aufrechterhalten bleiben und einheitlich von den Siegermächten in den verschiedenen Besatzungszonen regiert werden soll. Aber die Wege der Regierung in Deutschland trennen sich: Während im Westen Deutschlands die USA auf einen wirtschaftlichen Aufschwung für eine stabile Zukunft bauen, verhält es sich im Osten anders. Dort entscheidet sich die Sowjetunion gegen die milliardenschweren Unterstützungen aus dem Marshall-Plan und setzt auf ein System der Gleichheit – den Kommunismus. Aufgrund der verschiedenen Ansichten zwischen den USA und der Sowjetunion kommt es zu unüberbrückbaren Differenzen. Dies sind die Vorboten des kalten Krieges und des bis heute angespannten USA-Russland-Verhältnisses.

Am 20. Juli 1948 findet im Westen eine Währungsreform statt, die den wirtschaftlichen Aufschwung einleitet. Die Sowjetunion blockiert als Reaktion auf diesen nicht abgesprochenen Schritt der westlichen Besatzungsmächte die Stadt Berlin. Der Westen setzt daraufhin die sog. Rosinenbomber ein, wobei es sich um eine Luftbrücke handelt, die die Bevölkerung in Berlin mit Nahrungsmitteln versorgt. Die Deutschen begreifen allmählich, dass die Besatzungsmächte die Freunde und nicht die Feinde sind. Der Grundstein für die künftige und bis heute anhaltende enge Kooperation zwischen dem Westen und Deutschland wird gelegt.

Im September 1948 wird in Bonn eine neue Verfassung festgehalten, die der Frau als Grundrecht die Gleichberechtigung mit dem Mann garantiert. In Anbetracht der Tatsache, welch enorme Leistung nach Ansicht von Historikern die Frauen im Westen beim Wiederaufbau Deutschlands geleistet haben, ist dies eine logische Konsequenz.

1949 wird in der BRD (Westdeutschland; Bundesrepublik Deutschland) Konrad Adenauer zum Kanzler gewählt, in der DDR (Ostdeutschland; Deutsche Demokratische Republik) wird Wilhelm Pieck zum Präsidenten ernannt. Seitdem findet ein Wettlauf der Systeme in Deutschland statt, im Zuge dessen sich der Westen zu einem Wirtschaftswunder mausert. Exakt der Begriff „Wirtschaftswunder" wird in der historischen Rezeption verwendet, um damit das Ausmaß des wirtschaftlichen Aufschwungs zu untermalen. Bereits gegen Ende der 1950er Jahre – nicht einmal 15 Jahre nach dem Krieg – ist Deutschland nach den USA die weltweit zweitgrößte Exportnation.

Der Aufschwung Deutschlands hält auch in anderen Bereichen Einzug. Im Juli 1954 wird die BRD zum Fußballweltmeister. Selbst die bezahlte Liebe profitiert vom Aufschwung. So wird Rosemarie Nitri in den höchsten Kreisen zu einer sogenannten „Edeldirne". Die vielzitierten 68er Jahre sind zwar Zeiten des Aufbruchs, aber die 50er ebenso: Der Rock'n'Roll und der Jazz sowie die rebellische Jugend kommen auf. Es findet ein gesellschaftlicher Wandel statt. Proteste gegen den Westkurs Adenauers nehmen zu, und die oppositionelle SPD findet in der Bevölkerung Anklang. Dennoch wird Adenauer 1953 mit großer Mehrheit als Kanzler wiedergewählt.

Am 5. Mai 1955 wird die BRD ein Teil der NATO. Zwar nach wie vor besetzt, aber mittlerweile ein gleichwertiger Partner der Siegermächte, feiert die BRD den Beitritt.

Währenddessen verändert sich auch in der DDR nach dem Zweiten Weltkrieg vieles. Die Planwirtschaft setzt allerdings falsche Prioritäten, sodass der Konsum innerhalb der DDR nicht gefördert wird. Stattdessen regelt ein Plan das Angebot und die Nachfrage. Als es infolge der wirtschaftlichen Problematik zur Verpflichtung der Bevölkerung zu einem höheren Arbeitspensum kommt, beginnt in der DDR ein Aufstand, der von sowjetischen Panzern niedergeschlagen wird. Es wird eine neue Diktatur errichtet. Regierungskritiker werden von der Stasi heimgesucht und zum Schweigen gebracht. Bis 1961 fliehen Tausende DDR-Bürger in die BRD. Infolge dessen beginnt der Mauerbau. Ein erbitterter Kampf zweier Regime – des US-amerikanischen Kapitalismus sowie des sowjetischen Kommunismus – setzt sich fort, bis am 9. November 1989 die Mauer fällt und ehemalige Familien, Freunde und das ganze Volk wiedervereint werden. Der Mauerfall ist zugleich ein Scheitern des kommunistischen Systems, wobei dieses Scheitern durch den Zerfall der Sowjetunion in mehrere unabhängige Einzelstaaten noch deutlicher wird.

4.1.2 Die EU

Ziel war nicht explizit die EU in ihrer heutigen Form, als deren Geschichte begann. Zunächst geht es im Jahre 1950 bei der Gründung der Europäischen Gemeinschaft für Kohle und Stahl (EGKS) darum, die Rüstungsproduktion der Staaten – vor allem Deutschlands – zu überwachen. Planungen kriegerischen Handelns sollten auf diese Weise schnell ausmachbar sein.

1957 entsteht mit der Europäischen Wirtschaftsgemeinschaft (EWG) ein gemeinsamer Markt zwischen den beigetretenen Staaten, der eine wirtschaftliche und politische Gemeinschaft einleitet. In den 1960er Jahren werden passend dazu die Zölle zwischen den Mitgliedsstaaten abgeschafft, sodass sich die Staaten wirtschaftlich gut entwickeln. Zudem wird eine gemeinsame Erzeugung von Lebensmitteln organisiert, womit eine ausreichende Versorgung der Bürger sichergestellt ist.

Weitere Beitritte von Staaten zum Bündnis zwischen 1970 und 1979 tragen zum

Wachstum der EU bei. Gemeinsam verstärken die Mitglieder die Maßnahmen gegen Umweltverschmutzung und setzen im sozialen Sektor auf Hilfen zur Schaffung von Arbeitsplätzen – die internationale Zusammenarbeit und grenzübergreifende Regeln werden gefördert.

Durch den Einbrucdes Kommunismus kommt es in den Jahren 1990 bis 1999 zu Annäherungen zwischen den mittel- und osteuropäischen Staaten. Mit dem Vertrag von Maastricht und dem Vertrag von Amsterdam wird ein Regelwerk für das gemeinsame Handeln in Bezug auf Sicherheit und Verteidigung Europas zwischen den Mitgliedsstaaten festgelegt. Zudem wird der Binnenmarkt im Jahre 1993 vollendet, was mit folgenden vier Merkmalen einhergeht: Freier Verkehr innerhalb der EU von...

- Waren
- Dienstleistungen
- Personen
- Kapital

Die darauffolgenden Jahrzehnte bis heute sind von Erfolgen ebenso wie von Herausforderungen geprägt. Auf die Schaffung einer gemeinsamen Währung mit dem Euro, die optimierte Bekämpfung von Verbrechen innerhalb der EU sowie die Erweiterung um neue Staaten folgen Herausforderungen wie die Wirtschaftskrise 2007 sowie deren Folgen, und einige Staaten, die den Austritt aus der Gemeinschaft anstreben. Großbritannien führt den sogenannten Brexit durch. Die Regulierungen zur Aufnahme von Flüchtlingen ebenso wie Verstöße einzelner Staaten gegen das Regelwerk der EU verschärfen die Herausforderungen. Aber der Kern der EU – Deutschland und Frankreich – setzt sich weiterhin für Reformen und den Bestand der EU ein.

4.1.3 Wie die Geschichte die aktuellen Bündnisse und Konflikte hervorbrachte

Die globalen Konflikte und Bündnisse der heutigen Zeit sind zum Großteil derart komplex, dass mehrere Jahrhunderte in die Vergangenheit geblickt werden muss, um sie nachzuvollziehen. Selbst dann bleiben Fragen offen, die bestenfalls – wenn überhaupt – nur im Rahmen eines umfassenden Geschichtsstudiums geklärt werden können. Aus diesem Grund wird in der folgenden Tabelle lediglich auf fünf Konflikte eingegangen. Eine Liste weiterer Konflikte folgt als Unterstützung der Selbstrecherche nach der Tabelle.

Konflikt	Akteure	Gegenstand des Konflikts	Ergebnis
Jom-Kippur-Krieg / Sechstagekrieg / Gaza-Konflikt	Israel und Palästina	<ul><li>In der Geschichte verfolgte Juden wünschten eigenen Staat</li><li>Das Land der Väter – dort war Anfang des 20. Jahrhunderts der Staat Palästina – sollte der Sitz werden</li><li>Anfang des 20. Jahrhunderts siedelten sich immer mehr Juden in dem britisch kontrollierten Palästina an</li><li>Es wurde eine Zwei-Staaten-Lösung erarbeitet, mit der die Palästinenser nicht einverstanden waren</li><li>Die Palästinenser zogen in den Krieg, aber durch die Unterstützung des Westens und aufgrund überraschender militärischer Kriegskunst siegten die Israelis</li><li>Sie verteidigten nicht nur ihr Land, sondern eroberten weitere Gebiete</li><li>Der Sechstagekrieg und der Jom-Kippur-Krieg in den 60er und 70er Jahren führten zu weiteren Erweiterungen des Staates Israel und zu Nachteilen der Palästinenser</li></ul>	Bis heute wird eine internationale Zwei-Staaten-Lösung angestrebt, aber die Bestrebungen verblieben bisher erfolglos. Der jüngste Plan von US-Präsident Trump und Israels Ministerpräsident Netanjahu wurde von den Palästinensern abgelehnt.
Korea-Krieg / Nordkorea-USA-Konflikt	Nordkorea, Südkorea und USA	<ul><li>Korea war vor dem zweiten Weltkrieg von Japan annektiert</li><li>Nach dem zweiten Weltkrieg wurde Korea von den Siegermächten – genauso wie Deutschland – geteilt</li><li>Im Norden erhielt das kommunistische System der Sowjetunion Einzug, der Süden wurde nach westlichem und somit US-amerikanischem Vorbild gestaltet</li></ul>	Unter US-Präsident Trump und Nordkoreas Staatsoberhaupt Kim Jong Un fanden in näherer Vergangenheit historische Annäherungen und mehrere Treffen statt. Obwohl

		• Ein Krieg zwischen beiden Staaten blieb aufgrund deren Unterstützung durch die Siegermächte ergebnislos • Heute ist Nordkorea kommunistisch und weitestgehend isoliert. Da sich der Kommunismus durchgesetzt hat und die Kim-Diktatur aufrechterhielt, werden keine Wahlen durchgeführt. • Südkorea ist weltoffener und zählt mehr verbündete, was sich in der kapitalistischen Wirtschaftsausrichtung und dem Wirtschaftswachstum äußert. • USA sind Verbündete Südkoreas im Schutz gegen den militärisch stärkeren Norden • Der Norden hat China als Unterstützer und rüstet militärisch sowie atomar auf • Aufgrund des kommunistischen Regimes und der atomaren Aufrüstung sind die USA Nordkorea gegenüber feindlich gesinnt, was auf Gegenseitigkeit beruht	sich die Lage zwischen den Ländern entspannt hat und sich Nord- sowie Südkorea ebenfalls annäherten, scheint eine Einigung ob des Atomprogramms und der Förderungsprogramme für Nordkorea nicht in Sicht.
Nahost-Konflikt	Syrien sowie zahlreiche andere nahöstliche Staaten	• Der in Syrien ausgetragene Bürgerkrieg ist derart komplex, dass er sich nicht in Kürze erklären lässt... • Es kämpfen mehrere Gruppierungen sowie Staaten gegeneinander • Die Staaten finanzieren dabei zum Teil die Oppositionellen oder Terroristen, damit diese den Krieg für die Interessen der Staaten austragen; man spricht von Stellvertreterkriegen, wenn	Dies sind nur einige der beteiligten Akteure und Interessen. Bei all der Komplexität erscheint eine Lösung in den nächsten Dekaden nicht möglich.

- Gruppen oder Bevölkerungsteile stellvertretend für Staaten oder andere Akteure kämpfen
- IS bzw. ISIS (Islamischer Staat in Syrien und Irak) kämpfen für die Errichtung eines Staates, der den eigenen religiösen Vorstellungen entspricht; ebenso verhält es sich bei anderen Terroristengruppen, wobei diese jedoch jeweils andere Ziele haben
- Syriens Machthaber Assad kämpft für die eigenen Interessen, wird aber von Russland unterstützt, weil Russland über Assad einen strategisch wichtigen Militärstützpunkt nutzen darf
- Die USA unterstützen die Opposition, weil sie den Diktator Assad absetzen möchte und eine Demokratie nach westlichem Vorbild anstrebt
- Die Türkei greift in den Krieg ein, weil Syrien im Norden an die Türkei grenzt und die Kurden in die Kampfhandlungen verwickelt sind; der türkische Präsident Erdogan möchte einen Sieg der Kurden verhindern, weil diese sonst einen eigenen Staat gründen und eventuell auch Ansprüche auf Gebiete der Türkei erheben könnten

| Kalter Krieg / USA-Russland-Konflikt | USA und Russland | - Es scheint, als habe die geografische Nähe der beiden Systeme die unüberbrückbaren Differenzen eingeleitet
- Vor dem zweiten Weltkrieg waren die USA und Russland Verbündete; abgesehen von der militärischen Verbundenheit bestanden Anfang des 20. Jahrhunderts Bestrebungen zu gemeinsamen Handelsbeziehungen (u. a. friedlicher Verkauf Alaskas durch die Sowjetunion an die USA)
- Nach dem zweiten Weltkrieg festigte sich bei den USA eine Anti-Kommunismus- und in Russland eine Anti-Kapitalismus-Einstellung
- Überall, wo die Siegermächte nach dem zweiten Weltkrieg Nationen oder Territorien aufgeteilt hatten (z. B. Deutschland und Korea) wurden die beiden gegensätzlichen Systeme aufgrund der plötzlichen geografischen Nähe zueinander miteinander konfrontiert, was für Spannungen und Missstände sorgte
- 1991 erfolgte der Zerfall der Sowjetunion, der sich als Versagen des kommunistischen Systems angedeutet hatte: Reaktorexplosionen, Verlust der Kontrolle der kommunistischen Staatschefs in Nationen des Ostblocks und weitere Ereignisse zeugten von einem vermeintlichen Sieg des Westens, da sich Russlands wirtschaftliche Lage seitdem verschlechterte | Heute weisen die USA und Russland in diversen weltpolitischen Anliegen verschiedene Meinungen auf, die bislang nicht miteinander vereinbart werden konnten. Eine Entschärfung des Konflikts durch die Präsidentschaft Trumps, die von Russland befürwortet wurde, konnte in dem erhofften Maße bisher nicht erreicht werden. |

		• Dieser Sieg ist heute, knapp 30 Jahre später, nicht als solcher zu verstehen, da die Staaten beide Weltmächte sind und sich mit ihren verschiedenen Interessen bei jedem Konflikt gegenseitig im Wege stehen	
Kuba-USA-Konflikt / Kuba-Krise	Kuba, USA, Russland	• Kuba war im 19. und Anfang des 20. Jahrhunderts regelmäßig von den USA besetzt • Batista wurde in Kuba zu einem pro-amerikanischen Machthaber und Kuba ist von den USA abhängig • Batista unterdrückte die Opposition, dies führt zur Entstehung der kubanischen Revolution. 1959 floht Batista, der mittlerweile keine Unterstützung der USA mehr erhielt, ins Exil • Der populärste Anführer der Revolutionäre, die daraufhin die Führung über das Land und dessen Regierung übernahm, war Fidel Castro. Er hatte eine feindliche Haltung gegenüber den USA, die er auf die Einmischung der USA in den Bürgerkrieg zurückführte • Castro ging nicht offen in den Konflikt; der Konflikt entstand aus seiner Politik heraus, die u. a. Großgrundenteignungen für eine gleichmäßige Verteilung beinhaltete. Er war kommunistisch gesinnt. • Die USA stoppten als Folge ihre Öllieferungen. Kuba reagierte durch Aufnahme von Handelsbeziehungen mit Russland, was den Konflikt zuspitzte	Unter Obama fanden mehrere Annäherungen und Lockerungen von Embargos in Zusammenarbeit mit Raúl Castro, dem neuen Präsidenten Kubas, statt.

| | - 1961 versuchte die USA eine Invasion in Kuba, um Castro zu stürzen, was die Fronten verhärtete
- 1962 wurden sowjetische Raketen auf Kuba stationiert, was im Rahmen des Kalten Krieges zwischen USA und Russland geschah
- Nach Ende des Kalten Krieges war die Feindschaft zwischen den USA und Kuba nicht militärisch, sondern ideologisch und wirtschaftlich geprägt |
|---|---|

Quellen: 101x Geschichte (2019), berliner-zeitung.de, sueddeutsche.de, handelsblatt.com

Es ergaben sich aus diesen Konflikten aber auch Bündnisse. Dazu zählen beispielsweise die Bündnisse zwischen den USA und Israel, China und Nordkorea sowie Südkorea und den USA. Die Konflikte wurden bis hierher in Kürze geschildert, aber es wird beispielsweise am Nahostkonflikt in Syrien deutlich, dass die Tabelle bei weitem nicht der vollen Informationsmenge gerecht wird. Zudem gibt es weitere Konflikte, über die du dich bei Interesse tiefer informieren solltest, wie beispielsweise:

- Indien vs. Pakistan (Kaschmir-Konflikt)
- Saudi-Arabien vs. Iran (Verschiedene Glaubensrichtungen; nämlich Sunniten vs. Schiiten)
- Frankreich vs. Algerien (Hintergrund der Kolonialisierung, die mit einem blutigen Unabhängigkeitskrieg ein Ende fand)
- USA vs. Iran (Auseinandersetzung, die schon vor Jahrhunderten mit dem Konflikt zwischen dem Osmanischen Reich, Mesopotamien und Persien begann)

4.2 Gesellschaftlicher Wandel

Der gesellschaftliche Wandel Deutschlands bietet den Schlüssel, um auch die populärsten gesellschaftlichen Wandel innerhalb der Welt nachvollziehen zu können. Denn als im weltweiten Vergleich weit entwickelte Nation und Industriestaat setzt Deutschland die Innovationen um, die die Gesellschaft beeinflussen und auch in anderen Staaten prägen. Was also lehrt dich der gesellschaftliche Wandel innerhalb Deutschlands?

4.2.1 Wandel der Gesellschaft in Deutschland

In der BRD der Nachkriegszeit entsteht eine weitestgehend disziplinierte Gesellschaft. Gemäß dem Kredo „Wer fleißig ist, der profitiert" haben die USA eine wirtschaftlich orientierte Demokratie festgelegt, die der Nation zum Wohlstand verhilft. Eltern erziehen ihre Kinder sehr mit Bedacht auf die NS-Vergangenheit. Zudem zeigen sie den Kindern auf, was „gut bürgerlich" ist und was nicht. Normen werden vermittelt, aber spätestens ab der Jugend bahnt sich bei einem Teil der Kinder ein anderes Denken an: „Was wollen uns die Eltern beibringen, die selbst zu Kriegszeiten gelebt und das NS-Regime unterstützt haben?" Der Teil der Jugend, der so denkt, beginnt eine neue Art der Lebensphilosophie zu verfolgen. Hinzu kommen andere Teile der Jugend, die sich der Parlamentarischen Demokratie in Deutschland und den kapitalistischen Zügen entgegenstellen. Da die BRD durch die USA geprägt ist, finden Demonstrationen gegen die USA statt, die durch die Beteiligung der USA am Vietnamkrieg verstärkt werden.

Als Gegensatz zum Kurs der USA und der BRD bildet sich eine Philosophie der Freiheit und der Liebe unter Gruppen der Jugendlichen und jungen Erwachsenen. In den USA ist der Trend ebenfalls vorhanden, wobei die Stadt San Francisco deswegen an Berühmtheit erlangt. Der Begriff „Hippie" wird geboren: Wer sich pazifistisch und antikapitalistisch gibt und dies im Auftreten durch entsprechende Kleidung und Verhaltensweisen zum Ausdruck bringt, wird allgemeinhin als Hippie bezeichnet. Lange Haare und Kleidung mit Blumenmuster sind das klassische Merkmal der Hippies. Mobilisiert durch die Massenmärsche und die Lebensstile in den USA, tritt auch bei großen Teilen der Jugend und bei den jungen Erwachsenen in Deutschland ein Wandel ein. Das Kommunenleben erhält Einzug.

Wer in Kommunen lebt, teilt sich mit mehreren gleichgesinnten Personen einen Lebensraum. In den USA in San

Francisco gewinnen die Musiker-Kommunen an Berühmtheit, die in Reihenhäusern mit acht bis 20 Personen pro Haus zusammenleben. Neben den Musikerkommunen existieren auch Kommunen mit anderen Schwerpunkten: Religiöse Kommunen, sexuell orientierte Kommunen und viele mehr. In Deutschland verhält es sich nicht anders, wobei anstelle der Reihenhäuser häufig andere Gebäude bezogen werden, in denen sogar Platz für noch mehr Leute ist. Längst hat aber nicht jede Kommune eine klare Orientierung. Oft verschmelzen mehrere Schwerpunkte miteinander. So sind ein reges und offenes Sexualleben sowie der Hang zur Musik bei einem Großteil der Kommunen gang und gäbe.

Einige Gruppierungen werden anfangs fälschlicherweise mit den Hippies in Verbindung gebracht. Damit sind die gewaltbereiten Linksextremisten gemeint, wofür die Rote-Armee-Fraktion (RAF) in der deutschen Geschichte häufig als Beispiel angeführt wird. Deren Ursprung lässt sich nicht klar zuordnen, ist aber in der Westdeutschen Studentenbewegung der 1960er Jahre zu sehen. Aus dieser bildet sich eine Außerparlamentarische Opposition (APO), die die Verabschiedung einer Notstandsverfassung nicht verhindern kann. Der Kurs der Bundesregierung wird in der Folge noch stärker kritisiert, Demonstrationen bleiben ohne Erfolg. Eine Demonstration beim Besuch des Shahs Mohamed Reza Palavi aus dem Iran endet am 2. Juni 1967 mit dem Tod des Studenten Benno Ohnesorg. Es dauert weitere zwei Jahre, die mehrere mutmaßliche Vertuschungsversuche seitens der Regierung und ein gescheitertes Attentat auf einen Wortführer der APO beinhalten, ehe es 1969 dazu kommt, dass sich die APO zerstritten in weitere Gruppierungen aufspaltet. Eine davon ist die RAF (Rote-Armee-Fraktion), die einen bewaffneten Kampf als notwendig ansieht. Morde an Führungskräften aus Wirtschaft und Politik sowie Attentate mit Hunderten von Verletzten werden der Verantwortung der RAF zugeschrieben. 1998, als nach mehreren Inhaftierungen von Mitgliedern und Verurteilungen zu lebenslanger Haft die Gruppe zu zerfallen beginnt, wird die Selbstauflösung bekanntgegeben. Als Folge des Vorgehens der RAF werden Anti-Terror-Gesetze und die Rasterfahndung in Deutschland eingeführt.

Das heutige Deutschland weist immer noch Bestände der Vergangenheit auf. So gibt es vermutlich keine

Linksterroristen, aber Links- und Rechtsextremisten. Des Weiteren ist das Kommunenleben in Einzelgruppen nach wie vor präsent.

Heutige Streitfragen betreffen aber verstärkt andere Themen, wie z. B. die Flüchtlingspolitik, die maßgeblich zum Aufschwung der AfD beigetragen und die Gesellschaft verstärkt gespalten hat. Weitere Konflikte innerhalb der Gesellschaft richten sich nach der Bedeutung der Umwelt. Ein großes, weil überall präsentes Thema, ist zudem die Gleichheit innerhalb der Bevölkerung – sowohl das Vermögen als auch die Bildung betreffend. Tatsache ist nämlich, dass die Vermögensverteilung unausgeglichen ist. Während 1/3 des Gesamtvermögens in der Bevölkerung nur einem Prozent der Population gehört, variieren bei den anderen 99 % die Vermögensverhältnisse immens. Einige Personen können zum Teil gerade so über die Runden kommen und müssen sich Sorgen um Altersarmut machen. Auch in den Bevölkerungsgruppen, die zu Arbeitszeiten angemessen verdienen, ist die Rente ungewiss, da der demografische Wandel die Wahrscheinlichkeit einer im Alter ausreichenden Rente senkt.

Verknüpfung

An den Ungleichheiten innerhalb der Bevölkerung ist die Teilung von Ost und West maßgeblich beteiligt. Durch den Kommunismus mit einer defizitär gestalteten Planwirtschaft sind im Osten die Vermögensverhältnisse sowie die Wirtschaft schwächer als im Westen. Dies spiegelt sich letzten Endes auch innerhalb der Bevölkerung wider.

All diese Aspekte prägen die heutige Gesellschaft. So setzen sich Personen für die Umwelt ein, indem sie demonstrieren oder Projekte zum Umweltschutz initiieren. Andere Personen setzen sich wiederum für die Gleichberechtigung von Frauen bei Gehalt und Karriereperspektiven ein. Zudem kursieren Debatten über Vermögenssteuern, um die Superreichen zum

Wohle der gesamten Gesellschaft stärker in die Pflicht zu nehmen.

4.2.2 Weltweite Strömungen

Die weltweiten Strömungen gehen an Deutschland als Wohlstandsnation nicht vorbei. Der Fitnesstrend erhielt hier in den letzten Jahren und Jahrzehnten ebenso Einzug wie in anderen Nationen. Eine im Vergleich zu Entwicklungsländern gehobene Bildung sorgt dafür, dass junge sowie ältere Personen aufgeklärt sind und sich Gedanken über die Ernährung, die Umwelt sowie den Umgang mit der Digitalisierung, die die Menschen zunehmend vor Herausforderungen stellt, machen. Aufgrund der guten finanziellen Stellung vieler Haushälter im weltweiten Vergleich besteht in Anlehnung an den letzten Satz die Möglichkeit, zwischen verschiedenen Ernährungsweisen (z. B. Vegetarismus, Veganismus, Low-Carb-Ernährung) und dem eigenen Beitrag für eine bessere Umwelt zu wählen. Das gestiegene Umweltbewusstsein innerhalb der Gesellschaft deutet sich durch Bewegungen an, die einen hohen Anteil an Personen in den Zwanzigern aufweisen. Die von Greta Thurnberg ins Leben gerufene Bewegung „Fridays for Future" ist das populärste Beispiel für das Engagement junger Menschen in Bezug auf die Umwelt.

Die Digitalisierung und die Veränderungen, die diese mit sich bringt, führen in Deutschland und in anderen Nationen der Welt zu einer förmlichen Renaissance der Spiritualität und entsprechenden Bewegungen sowie Methoden. Achtsamkeitsübungen, Meditation, Yoga, Ayurveda und Methoden zur Persönlichkeitsentwicklung sollen u. a. dazu verhelfen, in den digitalisierten Zeiten dem Stress zu entkommen und unter den vielen Möglichkeiten zur Zukunftsgestaltung die richtige zu wählen.

Die heutige Vielfalt an Möglichkeiten innerhalb der deutschen Wohlstandsgesellschaft führt dazu, dass auch die Offenheit steigt. Traditionelle Bilder der Gesellschaft sowie Dogmen verlieren an Bedeutung. Es kommt zu einer Neuinterpretation verschiedener gesellschaftsrelevanter Themen. Die einzelnen Strömungen sind ein Abbild dessen.

5

Wirtschaft und Finanzen

Dieses Kapitel schildert dir zuerst die wichtigsten wirtschaftlichen Begriffe, damit du bei bestimmten Stichworten sofort weißt, wovon die Rede ist. Denn manchmal hat ein Begriff das Potenzial, dir jedwede Möglichkeiten zum Mitreden zu nehmen. Die wirtschaftlichen Begriffe werden zugleich eine gute Verknüpfung zum vorigen Kapitel über Geschichte und Politik darstellen, weil sie einige Phänomene (z. B. das Wirtschaftswunder der BRD nach dem Zweiten Weltkrieg) verständlicher machen. Im weiteren Verlauf des Kapitels finden Formen zur Kapitalanlage und die Selbstständigkeit Anklang. Beiden Aspekten stehen immer mehr Personen offener gegenüber, weil die Selbstständigkeit durch das Online-Marketing einfacher umsetzbar ist und alternative Kapitalanlagen durch die Schwächen der Gesetzlichen Rentenversicherung in den Fokus gerückt sind.

5.1 Wirtschaftliche Begriffe

5.1.1 Wichtige Begriffe zur wirtschaftlichen Verfassung eines Staates

Konjunkturzyklen

Werden in Expansion, Boom, Rezession und Depression unterteilt. Sie beschreiben die Verfassung einer Wirtschaft in Bezug darauf, ob und wie stark sie floriert oder sich im Abschwung befindet.

Expansion

Aufschwung der Wirtschaft bis hin zum Höchstpunkt, dem Boom; währenddessen zunehmende Inflation und zunehmender Konsum

Boom

Höchstpunkt der Konjunktur: Erhöhte Inflationsrate, überdurchschnittliche Auslastung der Kapazitäten, hoher Konsum

Rezession
Abschwung der Wirtschaft bis hin zum Tiefpunkt der Rezession; währenddessen zunehmende Deflation und abnehmender Konsum

Depression
Tiefpunkt der Konjunktur: Deflation, unterdurchschnittliche Auslastung der Kapazitäten, geringer Konsum

Deflation
Preisniveau sinkt und Wert des Geldes nimmt zu. Dies ist ein Signal für eine Rezession.

Inflation
Preisniveau steigt und Wert des Geldes nimmt ab. Dies ist ein Signal für eine Expansion.

Arbeitslosenquote
Spiegelt den Anteil der offiziell eingetragenen Arbeitslosen an den erwerbstätigen Personen wider. Die Dunkelziffer an Arbeitslosen bleibt außen vor.

Bruttoinlandsprodukt (BIP)
Gesamte Wertschöpfung der Bevölkerung innerhalb eines Jahres in Bezug auf produzierte Waren sowie Dienstleistungen und den öffentlichen Sektor.

5.1.2 Wichtige Begriffe zur grenzübergreifenden Wirtschaftspolitik

Europäische Wirtschaftsgemeinschaft (EWG)
1957 zum Abbau von Zöllen und Handelsschranken eingeführt. Ein europäischer Markt sollte entstehen. Dies ist heute in Form der EU der Fall.

Import
Waren, Kapital und/oder Dienstleistungen werden eingeführt. Wenn beispielsweise Kleidung aus China in Deutschland eingeführt wird, ist dies ein Import.

Export
Waren, Kapital und/oder Dienstleistungen werden ausgeführt. Dies ist beispielsweise bei einem Export von Fahrzeugen in die USA der Fall.

Internationaler Währungsfonds (IWF)
Gehört zur UNO. Staaten haben sich zusammengeschlossen, um eine wirtschaftlich und haushaltspolitisch engere Zusammenarbeit zu führen.

Zentralbanken
Sind für Geldversorgung von Wirtschaften verantwortlich und steuern dadurch die Geldpolitik. In Phasen der Rezession wird Geld zu geringen Zinsen auf den

Markt gegeben, um die Wirtschaft mit günstiger Kapitalbeschaffung anzukurbeln. In Phasen der Expansion steigen die Zinsen an, was die Kapitalbeschaffung teurer macht. Ein Beispiel ist die EZB (Europäische Zentralbank), ein weiteres die Fed für die USA.

5.1.3 Wichtige Begriffe zu Steuern und Finanzierung

Einkommensteuer
Steuer, die auf das eigene Einkommen zu zahlen ist. Die prozentuale Höhe der Steuer variiert mit dem Einkommen. Bei geringen Beträgen innerhalb der vorgegebenen Grenzen muss keine Steuer gezahlt werden.

Gewerbesteuer
Gewerbetreibende müssen Gewerbesteuer zahlen, sofern ein Jahreseinkommen von 24.500 € überschritten wird.

Umsatzsteuer
Fällt an, sobald ein Jahresumsatz von 22.000 € überschritten wird. Es gibt Selbstständige, die nicht umsatzsteuerpflichtig sind. Die Umsatzsteuer beträgt in Deutschland für gewöhnlich 19 %, wobei Ausnahmen existieren (z. B. Bücher, Antiquitäten, Übernachtungsbetriebe).

Solidaritätszuschlag
Wird zusätzlich auf die Einkommensteuer gezahlt und beträgt 5,5 % der gezahlten Einkommensteuer. Es wird über eine Abschaffung des Solis diskutiert.

Eigenkapital
Das eigene Kapital (z. B. Bargeld, Geldbestände auf dem Bankkonto, in materiellen Vermögenswerten gebundenes Vermögen wie bei Immobilien und Fahrzeugen). Bei Finanzierungen – also dem Beantragen von Krediten – muss der Bank als Sicherheit für gewöhnlich Eigenkapital nachgewiesen werden.

Fremdkapital
Kapital, das aus fremden Quellen stammt (z. B. Banken, Darlehen von Privatpersonen). Wer einen Kredit beantragt, um etwas zu finanzieren, erhält Fremdkapital von der Bank, das er zurückzahlen muss. Die Banken lassen sich dies mit Zinsen auf den Kreditbetrag vergüten.

Subvention
Wer subventioniert wird, wird staatlich unterstützt. Dies kann in Form von Zahlungen oder der Zuteilung von Ressourcen erfolgen. Sowohl Unternehmen als auch Privathaushalte lassen sich sub-

ventionieren; das Kindergeld ist ein Beispiel für die Subvention in Privathaushalten.

5.1.4 Wichtige Begriffe zu Unternehmen und zum Kapitalmarkt

Fusion
Zwei bisher selbstständige Unternehmen schließen sich zu einem Unternehmen zusammen.

Konzern
Ein bestimmendes Unternehmen und ein oder mehrere von diesem Unternehmen abhängige Unternehmen schließen sich zu einem Konzern zusammen, um eine wirtschaftliche Einheit zu bilden.

Investition
Geld (in fernerem und nicht wirtschaftlichem Sinne auch andere Dinge; z. B. Arbeit, Zeit) wird in etwas gesteckt, um daraus einen Nutzen zu gewinnen.

(Kapital-)Gesellschaft
Unternehmen (z. B. AG, GmbH) werden in Form einer Kapitalgesellschaft geführt und sind somit von den Kapitalgebern – entweder Aktionäre oder Gesellschafter – fremdfinanziert.

Kartell
Unternehmen schließen sich zusammen, besprechen Preis und Menge ihrer Angebote und schalten somit den Markt aus. Sie begeben sich in eine Vorteilsposition. Kartelle sind verboten.

> **Verknüpfung**
> Zu möglichen Kartellen kommt es u. a. bei der Fusion von Unternehmen. Daher prüft das Bundeskartellamt die Fusionen.

Rentabilität

Zentrale Zahl, um den Nutzen eines Investments zu beurteilen. Wer im Verhältnis zum investierten Kapital einen möglichst hohen Gewinn erwirtschaftet, hat ein rentables Investment erzielt.

5.1.5 Wichtige Begriffe für Arbeitnehmer

Kurzarbeit/Kurzarbeitergeld

Wenn ein Unternehmen mit Auftrags- bzw. Umsatzausfällen zu kämpfen hat und seine Arbeitskräfte nicht auslasten kann, wird oftmals die sog. Kurzarbeit beantragt. Dadurch werden Entlassungen vermieden. Unternehmen wiederum müssen die Angestellten nur zum Teil auslasten und auch nur weniger Lohn zahlen. Die Arbeitsagentur zahlt Kurzarbeitergeld zusätzlich aus, um die Defizite beim Einkommen zu kompensieren.

Leiharbeit

Wenn Unternehmen nur für kurze Zeit Arbeiter oder Angestellte benötigen, dann beauftragen sie Leiharbeitskräfte von Zeitarbeitsfirmen. Das Arbeitnehmer-Überlassungsgesetz regelt den Schutz der Leiharbeiter.

Generationenvertrag

Die Gesetzliche Rentenversicherung in Deutschland basiert auf dem Generationenvertrag. Hier zahlt nicht jeder selbst für seine spätere Rente ein. Stattdessen zahlen die aktuell arbeitenden Personen für die aktuellen Rentner in die Kasse ein. Aus diesem Grund steht das deutsche Rentenversicherungssystem in den kommenden Jahrzehnten vor einem Problem: Der demografische Wandel mit einem erhöhten Anteil an Rentnern bedingt, dass immer weniger Arbeitnehmer und Einzahlende vorhanden sein werden, um für die Rentner in die Kasse einzuzahlen.

Geringfügige Beschäftigung

Sogenannte Minijobs entsprechen der geringfügigen Beschäftigung. Hier dürfen Arbeitnehmer maximal 450 € im Monat und 5.400 € im Jahr verdienen, um steuerfrei und sozialabgabenfrei zu bleiben.

Gleichstellung

Mann und Frau sollen gleichgestellt werden. Dies bedeutet, dass die Benachteiligung von Frauen im wirtschaftlichen Sektor immer weiter minimiert und schließlich komplett beseitigt wird.

Industrialisierung
Zeitalter, in dem die Produktion von Waren über Fabriken und Maschinen zunahm. Sorgte für einen wirtschaftlichen Fortschritt, beraubte allerdings einige Menschen ihrer Arbeit und löste die Agrargesellschaft ab.

5.1.6 Wichtige Begriffe aus der Geschichte der Wirtschaft

Monopol
Es gibt für ein Produkt oder eine Dienstleistung nur einen Anbieter. Dieser ist Monopolist und kann deswegen Preise und Angebote seiner Waren diktieren. Monopole sind staatlich nicht erwünscht. In Ausnahmefällen werden sie jedoch staatlich genehmigt.

Oligopol
Es existieren für Produkte oder Dienstleistungen nur wenige Anbieter. Abgrenzungen zwischen vielen und wenigen Anbietern sind aufgrund der relativen Bedeutung der Begriffe „viel" und „wenig" kaum zu treffen. Dies geschieht anhand bestimmter Kriterien. Beim Oligopol bestehen wie beim Monopol Risiken zu Absprachen und der Bildung von Kartellen zum Vorteil der Anbieter.

New Economy
In den USA entstandener Begriff, der die seit den 1990ern aufkommenden und sich fortschrittlich entwickelnden Technologien als eine „neue Ökonomie" bezeichnete. Mittlerweile wird der Begriff weniger gebraucht, dafür ist die Digitalisierung ein Begriff geworden, der die Wirtschaft prägt.

Outsourcing
Zu Deutsch: Auslagerung. Es werden einzelne Aufgaben an andere Unternehmen ausgelagert, sodass sich ein Unternehmen Arbeit und Aufwand spart. Auch das Outsourcing von Betriebsstätten ist möglich, um beispielsweise in Entwicklungsländern günstig produzieren zu können.

Privatisierung
Ehemals staatliche Unternehmen werden an private Anleger an der Börse verkauft. In der Geschichte der Wirtschaft deswegen von Bedeutung, weil in der DDR nahezu alle Unternehmen Staatsbetriebe waren und privatisiert wurden.

Protektionismus
Die eigene Wirtschaft wird von der Konkurrenz aus dem Ausland abgeschottet. Donald Trumps Handelskrieg mit China

wurde vereinzelt als ein protektionistischer Akt erachtet.

Verbraucherschutz

Maßnahmen und Informationen, die unternommen werden, um Verbraucher zu schützen. Die ergriffenen Maßnahmen sowie Informationen richten sich nach Gesundheit und Rechten des Verbrauchers.

Weltwirtschaftskrise

Bezeichnet die „Great Depression" aus den Jahren 1929 bis 1933. Folge von Zusammenbrüchen an den Börsen. Banken gingen zugrunde und Personen wurden massenhaft arbeitslos.

5.2 Wirtschaftliche Systeme

In die Riege der wirtschaftlichen Systeme fällt es manchmal schwer, Klarheit zu schaffen. Beispielsweise werden der Kapitalismus und der Kommunismus häufig als wirtschaftliche Systeme angeführt, wobei dem nicht ganz so ist. Es gibt verschiedene Formen des Kapitalismus und ebenso des Kommunismus. Beginnen wir bei dem Grundlegenden und unterziehen die Begriffe zunächst einer Unterscheidung.

Der Kapitalismus setzt auf eine freie Marktwirtschaft, die das stetige Wachstum zum Ziel hat. Hierfür werden Technik, Geld und weitere Mittel eingesetzt. Auch die Arbeitskräfte spielen als Ressourcen zum Erreichen des Wachstums eine Rolle. Eine Schwäche des Kapitalismus in seinen historischen Anfangsjahren war die Ungleichheit, die zwischen den Unternehmern und Arbeitnehmern sowie weiteren wohlhabenden Personen entstand. Es kam zu Protesten, die einen wichtigen Akteur hervorbrachten: Die Gewerkschaften für Arbeitnehmer. Diese setzten sich für deren Rechte ein. Als Folge von Weltwirtschaftskrisen wurde erkannt, dass der bis dato ohne zentrales regulierendes Organ ausgekommene Kapitalismus in einigen Situationen auf das Eingreifen des Staates angewiesen ist, um den Markt zu regulieren und das Risiko von Krisen zu mindern. Es entstand daraus die soziale Marktwirtschaft, die wir aktuell in Deutschland haben. Sie etablierte sich nach dem Ersten Weltkrieg und brachte nach dem Zweiten Weltkrieg das vielzitierte „deutsche Wirtschaftswunder" hervor. Ziel ist ein Wachstum, allerdings bei gleichzeitiger sozialer Absicherung. So wird Ungleichheiten entgegengewirkt. Wie ein Blick auf die Gesellschaft im letzten Kapitel zeigt, tauchen in der Praxis dennoch Ungleichheiten auf. Die Soziale Marktwirtschaft ist also eine Form des Kapitalismus. Der Kapitalismus lässt sich ebenso in andere wirtschaftliche Systeme unterteilen. Ein Beispiel hierfür ist der Staatskapitalismus, der sich insbesondere in China in den letzten Jahren hervorgetan hat. Dabei nutzt der Staat die Kontrolle über Unternehmen, um seine Ziele zu erreichen.

Gehen wir auf die andere Seite, um den Kommunismus als jahrzehntelangen Gegenspieler des Kapitalismus zu beleuchten. Oberstes Ziel des Kommunismus sind die Gütergemeinschaft und die Gleichheit der Lebensbedingungen in der Gesellschaft. Der Kommunismus vereint einige lobenswerte menschliche Ideale in sich, aber die Vergangenheit hat bisher kein langfristig funktionierendes kommunistisches System ergeben. Sowohl der Ostblock Europas als auch Frankreich nach der Französischen Revolution nahmen nach mehreren Jahrzehnten Abstand von diesem wirtschaftlichen System. Nun sind in diesen Staaten Formen des Kapitalismus eingekehrt. Der Kommunismus wird häufig mit dem Sozialismus gleichgesetzt. Ein Unterschied lässt sich allerdings hinsichtlich der Art der Umsetzung festmachen. So zeichnen sich die Kommunisten dadurch aus, dass sie zu einem radikalen Vorgehen und zum Umsturz des Staates bereit sind, um ihre Ziele zu erreichen. Die Sozialisten hingegen sind an Reformen zur Umsetzung ihrer Ziele interessiert. Beide Gruppen – sowohl Kommunisten als auch Sozialisten – möchten die Wirtschaft mit einer zentralen bzw. staatssozialistischen Planwirtschaft organisieren. Hier regulieren nicht Angebot und Nachfrage den Markt, sondern der Staat schreibt die Produktion von Waren vor. Es besteht eine Arbeitsplatz- und Konsumgüterwahl innerhalb eng vorgeschriebener Grenzen.

Schlussendlich hat sich der Kapitalismus in den vergangenen Jahrzehnten als langfristig funktionsfähiges System etabliert, und der Kommunismus im Vergleich dazu verloren. Achtung: Dies bedeutet keineswegs, dass der Kommunismus nicht funktionsfähig wäre, es bedeutet, dass es bisher langfristig nicht gelungen ist, im Kommunismus die Wirtschaft funktionsfähig zu gestalten.

5.3 Wirtschaftskrisen und deren Auswirkungen

Keine Wirtschaftskrise ist so populär wie die Weltwirtschaftskrise und Great Depression in den Jahren 1929 bis 1933. In der Folgezeit kam es zwar zu weiteren Krisen, die durch Ölpreiskriege, Handelskriege und militärische Einsätze ausgelöst wurden, aber bis zum Anfang der 2000er konnte von den Auswirkungen her keine Krise mit der Great Depression mithalten.

Bis heute ist dies so geblieben, aber speziell im neuen Jahrtausend ereigneten sich mehrere Krisen. Eine davon war die Dotcom-Blase, die aus einem Hype um die New Economy resultierte. Im Jahre 2007 begann die Finanzkrise, die das renommierte Bankinstitut Lehman Brothers aus den USA zusammenbrechen ließ. Die Folgen sind bis heute spürbar. Die niedrigen Zinsen, die es auf dem Sparbuch und bei Kreditfinanzierungen gibt, sind zum Beispiel eine Folge der Finanzkrise.

Aktuell (Stand Juni 2020) existiert mit den weltweiten Rezessionen eine durch das Corona-Virus ausgelöste Krise. Sie brachte weltweit die Börsenkurse zum Einbrechen, aber die staatlichen Auffangschirme sowie zunehmenden Lockerungen der Beschränkungen brachten regelmäßig Erholung ein. Eine Achterbahnfahrt der Kurse an den Börsen fand jedoch Woche für Woche statt.

Die Auswirkungen großer Krisen münden stets in wirtschaftliche Rezessionen bis hin zu Depressionen. Dadurch sinken Vermögensverhältnisse und Konsum inmitten der Gesellschaft. Durch eine angepasste Geldpolitik und staatliche Auffangschirme sowie Subventionen werden die Schritte aus der Krise hin in eine neue Expansion gemacht, aber gesellschaftliche Verhältnisse verändern sich.

5.4 Geldanlagen

In diesem Unterkapitel werden drei Arten von Geldanlagen erläutert: Die Geldanlagen an der Börse, in Immobilien und in Gold. Diese drei Kapitalanlageformen werden priorisiert und anderen vorgezogen, weil sie diejenigen sind, die in aller Munde **und** etabliert sind. Mit den Kryptowährungen gibt es zwar noch eine weitere Geldanlage, die in aller Munde aber bei weitem noch nicht etabliert ist, was sich an den starken Kursschwankungen und dem Risiko einer Investition ausmachen lässt. Wir widmen uns deswegen der Börse, den Immobilien sowie dem Gold, womit du vor allem für seriöse Gespräche im Bereich der Geldanlagen gut ausgestattet bist.

Zunächst sei der Begriff „Geldanlage" erklärt, damit völlige Klarheit darüber besteht, was wir damit meinen. Bei einer Geldanlage liegt im Grunde genommen nichts anderes als eine Investition vor. Du steckst dein Geld in eine Sache (z. B. Wertpapiere oder Anleihen an der Börse, Immobilien, Gold) und erhoffst dir, dass diese Sachen an Wert gewinnen, sodass du am Ende bei einem Verkauf mehr Geld erhältst, als du bezahlt hast. Die Geldanlage lässt sich von einer Investition dahingehend abgrenzen, als dass eine Geldanlage immer mit langfristigem Anlagehorizont, also über 10 Jahre oder mehr, erfolgt. Bei einer Investition muss dies nicht zwingend der Fall sein. Allerdings werden beide Begriffe häufig synonym verwendet, sodass du dir diesbezüglich keine großen Gedanken machen musst.

5.4.1 Börse

Die Börse ist der Handelsplatz für Wertpapiere. Es existieren auch andere Börsen, aber allgemein ist mit dem Begriff „Börse" die Wertpapierbörse gemeint. An der Börse wird mit verschiedenen Arten von Wertpapieren gehandelt. Dazu gehören Aktien, Aktienfonds (hierzu gehören u. a. die ETFs), Anleihen, Terminkontrakte und weitere Wertpapierarten.

Speziell die Aktien und Aktienfonds sind für Privatanleger und semiprofessionelle Anleger eine wichtige Wertpapierart. Aktien sind Anteile von Unternehmen, die erworben und in einem eigenen Depot gehalten werden. Entwickelt sich das Unternehmen wirtschaftlich gut, steigt dessen Wert insgesamt und somit auch der Wert der Aktienanteile, die man als Anleger erworben hat. Dadurch entsteht ein Gewinn aus der Investition. Gewinne werden durch Verkäufe von Aktien realisiert. Werden die erworbenen Anteile im Depot gehalten, besteht immer das Risiko eines Verlusts des investierten Geldes oder zumindest von Teilen davon.

Aktienfonds unterscheiden sich von einzelnen Aktien dahingehend, dass nicht in eine einzige Aktie investiert wird, sondern in ein Wertpapier, das sich aus mehreren Aktien zusammensetzt. Es gibt grüne Fonds (mit Umweltunternehmen), Dividenden-Fonds (mit Priorität auf die jährlichen

Gewinnausschüttungen) sowie andere speziell orientierte Fonds. Durch die Investition in mehrere einzelne Titel wird das Risiko umgangen, das bei einzelnen Aktien besteht: Sollte die Aktie an Wert verlieren, ist der gesamte Einsatz gefährdet. Bei einer Risikostreuung auf mehrere Aktien ist dieses Risiko geringer.

Zuletzt sei auf die ETFs eingegangen, die eine spezielle Art der Aktienfonds sind. Es handelt sich um Aktienfonds, die passiv gemanagt und deswegen kostengünstiger als die aktiv gemanagten Aktienfonds sind. „Passiv gemanagt" bedeutet in diesem Kontext, dass es keinen Fondsmanager im klassischen Sinne gibt, der regelmäßig die Aktienfonds mit neuen Wertpapieren bestückt und andere Wertpapiere verkauft. Beim passiven Management von ETFs werden Indizes nachgebildet. Indizes sind beispielsweise der DAX (Deutscher Aktienindex), der Dow Jones und der Nasdaq100 aus den USA sowie der Nikkei225 aus Japan. Indizes sind Verzeichnisse, die mehrere Wertpapiere umfassen. Die soeben genannten sind für die nationalen Wirtschaften bedeutende Indizes.

Der Handel an der Börse muss immer über einen lizensierten Aktienhändler – dieser wird Broker genannt – erfolgen. Broker gibt es bei Filialbanken und als Online-Broker. Sie führen die Orders – so nennen sich Anweisungen zum Kauf oder Verkauf der Wertpapiere – aus. Damit mit Wertpapieren gehandelt werden kann, ist ein Depot zur virtuellen Ablage der Wertpapiere notwendig.

Angesichts der Niedrigzinsphase, die aktuell die Geldanlage auf dem Sparbuch unattraktiv macht, gewinnt die Geldanlage in Wertpapiere mit langfristigem Anlagehorizont beispielsweise zwecks Altersvorsorge an Bedeutung.

5.4.2 Immobilien

Die Immobilien können zur Eigennutzung, als langfristige Kapitalanlage oder im Rahmen des Immobilienhandels als kurzfristiges Handelsobjekt genutzt werden. Wer eine Immobilie zur Eigennutzung erwirbt, profitiert dahingehend, dass er keine Miete mehr zahlen muss. Dies hat insbesondere mit Blick aufs hohe Alter seine Vorteile, denn angesichts der in vielen Bevölkerungsgruppen drohenden Altersarmut stellt der Wegfall der monatlichen Mietzahlungen eine erhebliche finanzielle Erleichterung dar. Außerdem können Immobilien an Kinder weitervererbt werden, die dadurch eine finanzielle Erleichterung erhalten. Nachteil eines Immobilienkaufs zu Wohnzwecken sind die Ortsgebundenheit und der Verlust von Flexibilität.

Bewegen wir uns aber ein paar Schritte von der Immobilie zur Eigennutzung weg und betrachten – ganz im Sinne dieses Unterkapitels – die Immobilie als eine Kapitalanlage. Immobilien haben vor allem als langfristige Kapitalanlage zur Vermietung an Beliebtheit gewonnen. Sie liefern mehrere Vorteile:

- Inflationssicherheit
- Wertsteigerung der Immobilie ist zu erwarten
- Laufende Mieteinnahmen

„Es ist nicht alles Gold, was glänzt." Dies gilt ebenso für das Betongold, wie Immobilien aufgrund ihrer Bedeutung für Anleger zum Teil bezeichnet werden. Der Satz bedeutet, dass es zu Mietnomaden, Leerstandzeiten und anderen negativen Aspekten bei der Vermietung einer Immobilie kommen kann. Nichtsdestotrotz boomen Immobilien und weisen seit Jahrzehnten in Deutschland beachtliche Wertsteigerungen auf. Eine Statistik von Statista betrachtet den Anstieg der Immobilienpreise in Deutschland insgesamt und speziell in den Wachstums-, Schrumpfungs- und Stagnationsregionen. In allen gemessenen Regionen wurde eine Steigerung der Immobilienpreise festgestellt.

Immobilien sind begehrt, weil sie ein Sachwert sind. Im Gegensatz zu Geldwerten leiden sich nicht unter der Inflation, sondern gehen mit der Inflation. Sie steigen regelmäßig im Wert und gelten allgemeinhin als weniger riskant im Vergleich zu Wertpapieren. Zudem sind sie unkomplizierter als Gold zu lagern, weil sie fest verbaut sind.

In Deutschland gibt es die „Big 7" bzw. „Big Cities" im Kontext mit Immobilien, die als bedeutendste Städte für die deutsche Immobilienwirtschaft gelten. Es sind die Städte Berlin, Düsseldorf, Frankfurt am Main, Hamburg, Köln, München und Stuttgart. Hier sind die Preise am höchsten. Dies führt dazu, dass die Mieter immer häufiger ins Umland ziehen. Sie weichen damit den hohen Mieten allerdings nur vorerst aus, denn selbst im Umland steigen die Mietpreise. So zieht sich der Effekt der steigenden Miet- und Immobilienpreise überall durch Deutschland, was bedeutet, dass Kapitalanlegern, die Immobilien langfristig vermieten und einen guten

Standort wählen, eine Vermietung der Immobilie und damit einen lohnenden Ertrag aus dem Immobiliengeschäft nahezu garantiert werden kann.

Die Anleger, die Immobilien als kurzfristiges Handelsobjekt nutzen, sind oftmals entweder Bauunternehmer oder Investoren, die eine Immobilie kaufen und halten oder renovieren, um sie in wenigen Jahren oder Monaten zu einem höheren Preis zu verkaufen. Dies ist eine Ausnahmeerscheinung und im Grunde genommen keine Geldanlage, sondern ein gewerblicher und regelmäßiger Immobilienhandel.

5.4.3 Gold

Wie die Immobilien, so stellt auch das Gold einen Sachwert dar. Dies bedeutet, dass die Inflation das Gold nicht entwertet. Gold hat sich in der Vergangenheit insbesondere in Krisenphasen als eine profitable Geldanlage erwiesen. Der Kurswert von Gold wird für gewöhnlich in US-Dollar pro Unze angegeben. Betrachtet man die Entwicklung des Kurswertes von Gold seit 1900 bis heute, so lässt sich eine Steigerung von mehr als 1.200 US-Dollar pro Unze feststellen. Dies ist eine enorme Rentabilität.

Wieso Gold als krisensicher gilt, lässt sich bei einem genauen Blick auf die Jahre, in denen es auffällig stark an Wert zulegte, ergründen. Es waren hauptsächlich die Jahre, in denen sich Krisen auf der Welt oder in großen Teilen der Welt abspielten: Great Depression, Ölpreiskrise, sowjetischer Einmarsch in Afghanistan, Boykott olympischer Spiele, Wirtschaftskrise 2007. Auch in der Corona-Krise wurde Gold als sicherer Hafen für Kapitalanlagen angesteuert, wenngleich auch der Goldpreis zunächst unter der Corona-Krise litt. Bei einem Blick auf den aktuellen Kurs (Stand Mai 2020) zeigt sich ein im Vergleich zu den letzten fünf Jahren außerordentlich hoher Stand.

Die Krisensicherheit, die dem Gold als Geldanlage zugesprochen wird, lässt sich nicht garantieren. Bei Geldanlagen gibt es generell keine Garantien. Aber es gibt Annahmen, die man mit größerer und geringerer Wahrscheinlichkeit treffen kann. Dass Gold in Krisen gut performen wird, ist eine Annahme, die mit größerer Wahrscheinlichkeit getroffen werden kann als die Annahme, dass Wertpapiere in einer Rezession eine gute Geldanlage sein würden. Aus diesem Grund kombinieren Anleger häufig die Anlage in Gold mit der Anlage in

Wertpapiere und/oder Immobilien, um sich gegen Schwächephasen der anderen Kapitalanlagen abzusichern.

In Gold kann auf zwei Weisen investiert werden. Zum einen lässt sich Gold direkt kaufen, was mit Lagerungs- und Sicherheitsaufwand verbunden ist. Zum anderen sind Wertpapiere käuflich, die die Goldpreisentwicklung widerspiegeln, wobei von sogenannten Derivaten die Rede ist.

5.5 Selbstständigkeit

Die Selbstständigkeit stellt vor andere Herausforderungen als das Angestelltendasein. Der Großteil der Erwerbstätigen in Deutschland ist angestellt. Wer selbstständig ist, muss zunächst viele Dinge selbst regeln:

- Private oder Gesetzliche Krankenversicherung organisieren
- In die Gesetzliche Rentenversicherung einzahlen, privat vorsorgen oder gar nicht fürs Alter vorsorgen
- Steuererklärung machen oder durch Steuerberater machen lassen und Steuern abführen
- Bürokratie und Übernahme der absoluten Verantwortung vor Kunden
- Akquise neuer Kunden

Die Selbstständigkeit ist mit einer Reise in die Ungewissheit gleichzusetzen: Sie verschafft in der Regel mehr Freiräume als ein Angestelltendasein, bietet zugleich aber weniger Sicherheiten. Sie ermöglicht entweder eine absolute Flexibilität, wenn alles gut läuft, oder eine starke Eingeschränktheit, wenn die Dinge schlechter laufen. Sie lockt mit wenigen Arbeitsstunden, weil irgendwann Personen angestellt werden können, die die Arbeit des Selbstständigen übernehmen, hält aber insbesondere in der Anfangszeit das Risiko vieler Nachtschichten, 80-Stunden-Wochen und weiterer Entbehrungen im Privatleben bereit.

Vieles wird bei der Selbstständigkeit durch individuelle Aspekte beeinflusst. Wer aus einer reichen Familie stammt und starke finanzielle Möglichkeiten hinter sich stehen hat, wird es tendenziell einfacher haben als eine Person, die diese Vorteile nicht genießt. Neben den Finanzen sind persönliche Cleverness sowie der Kampfgeist und die eigene Expertise wichtige Ressourcen, die finanzielle Nachteile ausgleichen können. Schlussendlich gibt es für jede kreative Idee einen Weg. Ein erfolgreicher Unternehmer findet diesen Weg und überwindet Hürden.

Zur Selbstständigkeit ist der Weg ein kurzer: Wer eine gute Idee hat, geht zu den entsprechenden Ämtern, wie dem Finanzamt, und meldet sich dort an. Nach dem Ausfüllen eines Formulars ist man selbstständig, aber dann beginnt der gesamte Aufwand erst richtig... Die erwähnten Versicherungsangelegenheiten müssen geklärt werden. Darüber hinaus müssen die eigenen Leistungen oder Produkte vermarktet werden.

Heutzutage gibt es zum Beispiel viele Geschäftsideen im Bereich des Online-Marketings: Dropshipping, Affiliate-Marketing und weitere Geschäftsmodelle gehören dazu. Es ist zwar möglich, mit diesen Geschäftsmodellen Geld zu verdienen und erfolgreich selbstständig zu sein, sie stellen aber kein garantiertes Erfolgsmittel dar. Die normalen Hürden einer Selbstständigkeit bleiben bestehen. Deswegen wurden dir in den vorigen Abschnitten die Fakten zur Selbstständigkeit genannt – damit du die vielen aufkommenden Geschäftsmodelle aus dem Internet nicht zu stark bewunderst, ehe du sie einem objektiven oder persönlichen Test unterziehst. Letzten Endes liefert die Selbstständigkeit viele Spielräume, aber sobald etwas zu einfach erscheint, solltest du immer nachdenklich werden. Dies ist in heutigen Zeiten im Internet ein wichtiger Aspekt.

6
Persönlichkeitsentwicklung und Spiritualität

Persönlichkeitsentwicklung und Spiritualität werden beide in einem Kapitel erläutert, weil sie zum Teil miteinander zusammenhängen. Wer sich weiterentwickelt, wird für gewöhnlich offener gegenüber spirituellen Ansätzen sein. Andersherum wird jemand, der sich mit der Spiritualität befasst, seine Persönlichkeit weiterentwikeln.

6.1 Persönlichkeitsentwicklung: Lehren und wichtige Begriffe

Im Rahmen der Persönlichkeitsentwicklung haben mehrere Lehren und Begriffe eine gewisse Popularität bei den breiten Massen gewonnen. Dieses Unterkapitel stellt wichtige Lehren und Begriffe vor, die auffällig häufig in Unterhaltungen Anwendung finden. Du wirst dabei merken, dass eine Lehre gewissermaßen über allen anderen steht, weil deren Grundsätze sowie Methoden immer wieder aufgegriffen und weiterentwickelt werden: Das NLP. Aus diesem Grund befassen wir uns zuerst mit dem NLP. Die Empfehlung ist zugleich, dass du dich zumindest mit dem NLP etwas intensiver auseinandersetzt, dann bist du in der Persönlichkeitsentwicklung auf einem guten Allgemeinwissensstand.

6.1.1 NLP

NLP heißt voll ausgeschrieben Neurolinguistisches Programmieren. Es wurde in den 1970er Jahren von Richard Bandler und John Grinder entwickelt. Beide gingen den Strategien erfolgreicher Psychologen nach. Das daraus entstandene NLP fasst somit die Erfolgsstrategien der Psychologen zusammen.

Das NLP wurde seit seiner Begründung mehrmals weiterentwickelt und findet in verschiedenen Bereichen Anwendung: Unternehmen, Management, Psychologie und Privatpersonen machen Gebrauch von den Methoden, die das NLP lehrt. Diese helfen dabei, sich selbst auf Erfolg zu programmieren und das persönliche Umfeld besser wahrzunehmen. So ergeben sich Spielräume, sich einerseits selbst zu helfen, andererseits eine bestimmte Wirkung auf die Menschen im Umkreis auszuüben. Personen, die das NLP präzise studieren und zu Missgunsten anderer Menschen nutzen, wird häufig vorgeworfen, andere zu manipulieren. Das NLP erfährt folglich auch Kritik. Ohne Wertung betrachtet, ist es zunächst eine Ansammlung an Methoden, die die Kommunikation mit Mitmenschen sowie die Aktivierung eigener Ressourcen verbessern.

In seiner ursprünglichen Version hat das NLP zehn zentrale Annahmen, auf denen die Methoden zum Teil oder komplett basieren. Ein Beispiel ist die Annahme „Die Landkarte ist nicht das Gebiet", was so viel bedeutet wie: Wir nehmen die Welt durch unsere sprachlichen, kulturellen und ideologischen Filter wahr. Daraus resultiert der Appell, dass wir unseren Horizont erweitern und anderen gegenüber Verständnis in deren Wahrnehmung zeigen sollten, wenn wir die Kommunikation mit unseren Mitmenschen verbessern möchten. Zur Umsetzung dieser Annahme gibt es mehrere Methoden als Hilfestellung.

6.1.2 Resonanzgesetz

Dem Resonanzgesetz wird eine Jahrtausende alte Existenz nachgesagt. Schon der römische Kaiser und Philosoph Marc Aurel (auch: Marcus Aurelius) soll gesagt haben: „Das Glück deines Lebens hängt von der Beschaffenheit deiner Gedanken ab. Unser Leben ist das Produkt unser Gedanken." Genau darum geht es im Resonanzgesetz: Was wir denken, wird zur Realität. Das Resonanzgesetz hat durch zahlreiche Bestseller – allem voran Rhonda Byrnes „The Secret" – weltweit an Popularität gewonnen. Zur Umsetzung geben die Ratgeber mehrere Methoden und Übungen mit auf den Weg oder erzählen Geschichten aus dem Leben von Menschen. Die Aufgabe

Verknüpfung

Das Resonanzgesetz ist an die Verknüpfung mit positiven Gedanken ohne Negativformulierungen geknüpft. Wer negativ formuliert, der formuliert seine Sätze mit Wörtern wie „nicht" oder „keine". Beispiel: „Ich möchte nicht verlieren". Dieser Gedanke ist jedoch negativ und im Sinne des Resonanzgesetzes nicht förderlich. Das NLP hat die Antwort darauf: Das Unterbewusstsein kann Negativformulierungen nicht verarbeiten, weswegen es in unserem Beispiel an das Verlieren denken würde. Du siehst also, dass das Resonanzgesetz – ebenso übrigens viele andere psychologische Methoden – mit dem NLP oder zumindest einzelnen Annahmen des NLP verknüpft ist. Ein im Sinne des NLP und des Resonanzgesetzes förderlicher Gedanke wäre: „Ich werde gewinnen!"

beim Resonanzgesetz ist es, die eigenen Gedanken vollkommen positiv auf ein Ziel auszurichten. Dann werde es zur Realität, so die Annahme.

Wissenschaftliche Nachweise für die Funktionalität des Resonanzgesetzes sind nicht vorhanden, aber Beispiele aus dem realen Leben lassen eine gewisse Wirksamkeit naheliegen. Auf diese Wirksamkeit berufen sich die Befürworter und Verbreiter des Resonanzgesetzes. Ansätze von Wissenschaftlern zur Erklärung existieren zwar, wenngleich sie sich nicht als Beweise anführen lassen. Einer dieser Erklärungsansätze lässt sich in einem Interview mit Dr. Ulrich Warnke auf YouTube finden, der mit der Teilchenbewegung in unserem Körper argumentiert. Es entstünden im Zuge der Teilchenbewegungen Aktionspotenziale, die eine Auswirkung auf unsere Umgebung hätten, so Warnke.

6.1.3 Resilienz

Bei der Resilienz handelt es sich um einen Fachbegriff für die psychische Widerstandskraft. Wer resilient ist, kann mit Enttäuschungen und Problemen besser umgehen. Durch Ratgeber-Werke sowie Coachings im Internet und außerhalb des Internets hat sich Resilienz als Begriff verbreitet. Wichtige Schlüssel zu einem resilienten Leben sind Akzeptanz, Optimismus, Selbstwirksamkeit, Verantwortung, Netzwerkorientierung, Lösungsorientierung und Zukunftsorientierung.

6.1.4 Einzelne Methoden

Im Rahmen des NLP, des Resonanzgesetzes und der Resilienz kommen im Großen und Ganzen dieselben Methoden zum Einsatz. Fünf Methoden werden im Folgenden als Beispiele zur Praxis der Persönlichkeitsentwicklung erläutert.

Visualisierung

Hierbei handelt es sich um Maßnahmen, die dem Anwender ein Ziel oder einen Wunsch bildlich vor Augen führen. Bereits einfache Poster oder Fotos aus Zeitschriften sind eine Visualisierungsmaßnahme. Die bildliche Konfrontation mit dem erhofften Erfolg soll den Ehrgeiz und die Motivation fördern.

Affirmation

Die ist ein Glaubenssatz, der zu Erfolg verhelfen soll. Wichtig ist hierbei, dass es sich um einen bejahenden und positiven Satz handeln muss. Demnach sind Affirmationen eng in Verbindung mit den Grundsätzen des NLP. Affirmationen mehrmals laut und deutlich aufzusagen, kann eine simple Übung im Rahmen der Persönlichkeitsentwicklung sein.

Lächeln-Übung

Weil Lächeln die Stimmung heben und das Gehirn positiv beeinflussen kann, ist die Lächeln-Übung eine Übung mit einem potentiell hohen Nutzen bei gleichzeitig geringem Aufwand. Bei der Lächeln-Übung stellt sich eine Person vor den Spiegel und lächelt sich an. Dies kann zum Beispiel als Ritual jeden Morgen fünf Minuten praktiziert werden.

Weiterführende Inhalte...

Solltest du dich näher über die Resilienz informieren wollen, dann nimm dir das Buch von Prof. Dr. Jutta Heller „Resilienz – 7 Schlüssel für mehr innere Stärke" zur Hand. Es ist von einer fachlich qualifizierten Person geschrieben und einfach zu verstehen. Mehrere Praxisübungen machen das Lesen interessant. Verknüpfungen zu anderen Themen, wie zum Beispiel dem NLP, werden geschaffen.

Gewohnheitsmanagement

Das Gewohnheitsmanagement ist nicht zwingend eine eigene Methode. Es geht darum, die negativen Gewohnheiten in positive Gewohnheiten umzuändern. Wer bisher am Abend „Gute Zeiten, schlechte Zeiten" und andere Telenovelas geschaut hat und das Gefühl hatte, damit im Leben nicht recht voranzukommen, könnte die eine Stunde Telenovelas beispielsweise schrittweise durch eine Lesestunde ersetzen, um sich fortzubilden.

6.2 Spiritualität

Um die Spiritualität hat sich ein Trend entwickelt. Dabei zeigt die aktuelle Lage, dass unter Spiritualität nicht nur die Religion verstanden werden sollte, sondern das Gebiet weiter zu fassen ist. Es geht im Vergleich zur Religion bei der Spiritualität mehr um praktische Erfahrungen. Diese praktischen Erfahrungen werden über verschiedene Übungen und Lehren abgedeckt. Die folgenden Absätze erklären die fernöstlichen und bekannten Praktiken der Meditation, des Yoga und des Feng-Shui. Außerdem wird speziell auf die Spiritualität in heutigen Zeiten ein Blick geworfen: Wer sind die Idole der modernen Spiritualität und welche Inhalte werden transportiert?

6.2.1 Meditation und Yoga

Meditation und Yoga sind spirituelle Praktiken.

Bei der Meditation wird der Fokus auf ein Meditationsobjekt gelegt und auf diesem Wege versucht, den Geist zur Ruhe zu bringen. Dieses Objekt muss kein physisches Objekt sein, es kann sich auch um etwas anderes handeln. Typisch ist die Konzentration auf die eigene Atmung, es sind auch Konzentrationen auf bestimmte oder alle Umgebungsgeräusche möglich. Alles in allem ist es das Ziel, den Geist zur Ruhe zu bringen und dadurch das Bewusstsein zu erweitern. Deswegen wird die Meditation in einem gemütlichen Sitz und in einer ruhigen Umgebung praktiziert. Aufgrund der häufigen Praxis in den fernöstlichen Religionen und der dortigen Sitzposition der Meditierenden wird die Meditation vereinzelt mit einer Haltung im Schneidersitz assoziiert.

Das Yoga ist weltweit verbreitet und wird als eine Art Gymnastik angesehen. Zwar schließt Yoga durch die Asanas

(Körperübungen) Gymnastik mit ein, aber es enthält durch die Pranayama (Atempraxis) und bereits erwähnte Meditation weitere Bestandteile. Diese Aspekte werden bei der Diskussion über Yoga häufig außer Acht gelassen. Der Boom und die weltweite Verbreitung des Yoga in den letzten Jahren und Jahrzehnten sind womöglich im Zuge der Aerobic- und Fitness-Trends erfolgt, weswegen das Yoga oftmals auf die Körperübungen reduziert wurde.

Da beim Yoga die Übungen mit einer bestimmten Atemtechnik und mit völliger Konzentration ausgeführt werden müssen, enthält Yoga automatisch die Atempraxis und die Meditation. Es ist aber durchaus möglich, die Meditation getrennt auszuführen. Unabhängig davon, ob Yoga oder Meditation allein praktiziert werden, können die Praktizierenden von verschiedenen positiven Auswirkungen profitieren. Es existieren wenige belastbare Studien zur Wirkung von Meditation und Yoga, aber die wenigen substanziellen Studien zeigen positive Erkenntnisse. So könne die Meditation Stress- und Angstempfinden reduzieren und das Mitgefühl steigern. Beim Yoga steht ebenfalls eine stresssenkende Wirkung zur Debatte, darüber hinaus wird der spirituellen Praktik das Potenzial zur Linderung von Depressionen nachgesagt.

Sowohl Yoga als auch Meditation werden in Form von Online- und Präsenzkursen angeboten. Zudem lassen sich Lehrgänge für eine Tätigkeit als Trainer absolvieren. Die Praktiken spielen in zahlreichen Religionen und Kulturen des Globus eine Rolle und sind nicht nur auf Fernost oder den Buddhismus und Hinduismus zu reduzieren.

6.2.2 Feng-Shui

Feng-Shui ist eine Lehre aus China. Eine zentrale Rolle spielt dabei die Lebensenergie Chi. Durch die Förderung des Zusammenspiels von Wind (Feng) und Shui (Wasser) wird der Energiefluss verbessert und harmonisiert. Aber Feng-Shui wird nicht nur mit Wind und Wasser in Verbindung gebracht, sondern auch mit Yin und Yang. Diese beiden sind entgegengesetzte Prinzipien – es kann sich beispielsweise um das Männliche und Weibliche handeln –, die sich ergänzen. Je besser sie sich ergänzen, umso harmonischer fließt die Energie.

Feng-Shui ist die Kunst der Harmonisierung des Energieflusses, um positive Auswirkungen auf das Leben zu gewinnen. Diese Harmonisierung kann in verschiedensten Lebensbereichen erfolgen. Dies zeigt allein schon die Vielfalt der Ratgeber, die es zum Thema Feng-Shui auf dem Markt gibt:

- Wohnen mit Feng Shui – Das Praxisbuch für Einsteiger (Fröhling & Martin-Fröhling)
- Feng Shui: Die optimale Beleuchtung für dein zuhause (Mujcinovic)
- Feng Shui & Meditation – An adult coloring book (Rankin)

Vom Malbuch über die Einrichtung bis hin zur Beleuchtung hat Feng Shui überall dieselben Regeln, unterscheidet sich aber in jedem Bereich in der praktischen Umsetzung. Ob das Prinzip Feng-Shui das Leben optimiert, kann wissenschaftlich nicht erwiesen werden. Aber eine gewisse Ästhetik und Ordnung durch Umsetzung der Regeln sind als positive Folgen feststellbar.

6.2.3 Spiritualität in der heutigen Zeit

Die Spiritualität in der heutigen Zeit bewegt sich zwischen einer potentiellen Hilfestellung und Betrug. Dabei ist zunächst eine Grenze zwischen Spiritualität und Esoterik zu ziehen. Bei der Esoterik ist das Seelenheil ebenso wie bei der Spiritualität das Ziel. Allerdings ist das zentrale Merkmal der Esoterik, dass von außen ein Einfluss gegeben wird: Heilende Steine, Rituale durch Magier, Kartendeutung und Lesen der Zukunft aus der Kugel sind Beispiele für Esoterik. Der Nutzen dieser Maßnahmen wird zwie-

---

Verknüpfung

Die Veränderungen durch die Digitalisierung bedingen ein beschleunigtes Leben. Es ist eine naheliegende und von Experten gestützte Vermutung, dass diese Beschleunigung des Alltags zu einem Boom der modernen Spiritualität führt. Die Entspannungstechniken und sonstigen Übungen sollen einen Weg weisen, um vom schnellen Alltag Abstand zu gewinnen und sich zumindest partiell auszuklinken, um Zeit für sich selbst zu gewinnen.

spältig betrachtet. Eine weit verbreitete Skepsis in der Bevölkerung sorgt dafür, dass mit der Esoterik ein gewisses Maß an Betrug in Verbindung gebracht wird. Ein Beispiel für die Skepsis gegenüber der Esoterik lässt sich aus der Story „Der Esoterik-Boom" des Bayerischen Rundfunks gewinnen. Es existieren jedoch auch Personen, die behaupten, die Esoterik habe ihnen geholfen. Wie die Wirkung der heilenden Steine, der Kartendeutung und anderer esoterischer Maßnahmen analysiert wird, muss demnach jedem selbst überlassen werden. Wo jedoch definitiv Vorsicht geboten ist, ist bei Heilversprechen: Kein Mittel der Esoterik kann eine Heilung garantieren.

Wie steht es im Vergleich dazu mit der Spiritualität? Auch hier sind keine Heilversprechen möglich, dafür aber setzt die Spiritualität nicht komplett bei der Hilfe von außen an. Von außen kommen die Impulse, aber die Hilfe selbst kommt aus dem eigenen Inneren. In diesem Kontext wird von „Hilfe zur Selbsthilfe" gesprochen.

Demnach zeigen Trainer, Lehrer und andere Personen den Hilfesuchenden, wie diese sich mit bestimmten Methoden selbst helfen können. Dies kann Geld kosten. Dafür sind die Anwender anschließend imstande, sich dauerhaft mit den Methoden selbst zu helfen, was in der Praxis die Spiritualität unter objektiven Ansätzen zumindest unabhängiger und nachhaltiger als die Esoterik macht. Typische Übungen oder Grundsätze der Spiritualität sind Achtsamkeitsübungen, Meditation und Atemübungen.

Die moderne Spiritualität bringt bekannte Personen und Stars in den sozialen Netzwerken und darüber hinaus hervor. Einige dieser Personen, von denen sich in der Theorie und Praxis lernen lässt, sind Laura Malina Seiler, Eckhart Tolle, Deepak Chopra, Byron Katie und Veit Lindau. Wenn du dich über all diese Personen ein bisschen informierst, dann ist die Wahrscheinlichkeit gegeben, dass du dich mit einer der genannten Personen identifizieren kannst und dich dafür entscheidest, dieser Person regelmäßig zu folgen. Somit würdest du durch die Beiträge und Postings dieser Person sukzessive am Laufenden gehalten, was das Allgemeinwissen bezüglich der modernen Spiritualität anbelangt.

7 Gesundheit

Die Gesundheit lässt sich aus mannigfaltigen Blickwinkeln betrachten, wobei neben dem historischen Blickwinkel – hier hat beispielsweise Leonardo Da Vinci seinerzeit bedeutende Maßstäbe gesetzt – die Betrachtung des heutigen Forschungsstandes möglich ist. Wir beleuchten den heutigen Forschungsstand in diesem Kapitel so kurz, wie es uns das Thema zur Vermittlung des Grundwissens gestattet. Du lernst Diät- und Ernährungsformen kennen, weil es gefühlt kaum eine Person gibt, die sich nicht bereits an einer Diät versucht hat. Darüber hinaus widmen wir uns der Funktionsweise des menschlichen Körpers, wobei dich ebenfalls einige interessante Fakten erwarten. Aus Gründen der Sensibilisierung für die Pflege und Bewahrung der eigenen Gesundheit folgt abschließend ein kleiner Abschnitt über Drogen und Süchte.

7.1 Verschiedene Diät- und Ernährungsformen

Im Folgenden erhältst du drei heutzutage relevante Diät- und Ernährungsformen vorgestellt. Berücksichtige dabei, dass es immer wieder neue Diäten gibt, die in Magazinen oder Gesprächen thematisiert werden. Was im Trend liegt, wird eben häufig diskutiert. Die folgenden drei Diät- und Ernährungsformen sind die Grundlagen, auf denen viele weitere Diäten aufbauen.

7.1.1 Fasten

Beim Fasten wird über einen bestimmten Zeitraum auf Nahrung verzichtet. Das Fasten weist eine Jahrtausende alte Tradition auf. In den Glaubensbüchern verschiedener Religionen wird das Fasten aus ähnlichen Motiven begangen.

Es soll dazu beitragen, sich den Dingen zu entziehen, die den Glauben beeinträchtigen, und sich Freiräume zu schaffen, um sich mit dem Glauben näher auseinandersetzen zu können.

Auch als Diätform ist das Fasten in Anwendung. Hier weist es keinen primär religiösen Kontext auf, sondern soll der Gewichtsabnahme dienen. In Berufung auf die positiven gesundheitlichen Folgen fasten vereinzelt auch schlanke Menschen. Ob die Folgen des Fastens gesund sind, variiert mit der individuellen gesundheitlichen Verfassung und der Umsetzung des Diätkonzepts.

Im Kontext von Diäten hat das Intervallfasten Bekanntheit erlangt. Es wird alternativ „Intermittierendes Fasten" genannt und kommt in verschiedenen Varianten vor. Die beiden mutmaßlich bekanntesten Varianten sind das 5:2-Intervallfasten und das 16:8-Intervallfasten. Bei ersterem wird 5 Tage in der Woche nichts gegessen und an zwei Tagen ist Essen erlaubt. Bei letzterem wird 16 Stunden am Tag das Essen gemieden, während es an 8 Stunden des Tages gestattet ist. Wichtig ist, dass sich das Fasten stets auf Nahrung und kalorienhaltige Getränke bezieht. Wasser, Tee und Kaffee sind erlaubt; Wasser ist lebensnotwendig.

7.1.2 Ketogene Ernährung/Low-Carb

Die ketogene Ernährung sowie Low-Carb sehen einen geringeren Konsum an Kohlenhydraten vor. Im Gegenzug wird die Ernährung fett- und eiweiß-

> **Beispiel**
>
> Die Syrte-Diät hat in den vergangenen Wochen (Stand Juni 2020) zunehmend an Aufmerksamkeit gewonnen. Sowohl medial als auch in Gesprächen findet sie verstärkt Anklang, weil die prominente Sängerin Adele einen optisch bemerkenswerten Abnehmerfolg – laut eigener Aussage – speziell mit dieser Diätform verzeichnete. Dieses Beispiel illustriert, dass es sich lohnt, einmal pro Monat oder pro Woche die Blicke durch einige Online-Magazine streifen zu lassen, um sich über die trendigen Abnehm- und Fitnessmethoden auf dem Laufenden zu halten.

reicher. Am stärksten steigt der Fettanteil in der Ernährung an. Das Ziel ist es, den Körper vom Kohlenhydratstoffwechsel auf den Fettstoffwechsel umzustellen. Dies gelingt, wenn die Kohlenhydratzufuhr kontinuierlich bei maximal 50 Gramm pro Tag liegt.

Vom Fettstoffwechsel verspricht man sich bei der ketogenen Ernährung mitunter folgende Vorteile gegenüber dem Kohlenhydratstoffwechsel:

- Beschleunigter Fettabbau
- Energiezunahme
- Verbesserung des Blutzuckerspiegels und der Blutfettwerte
- Senkung des Risikos für Erkrankungen (z. B. Herzerkrankungen, Krebs, Alzheimer)

Diese positiven Wirkungen werden auf renommierten Websites wie Brainperform und durch diverse Studien unterstützt. Allerdings lassen sich ebenso Studien finden, die von der Anwendung der ketogenen Ernährung in der Therapie von Erkrankungen abraten und auf die Nebenwirkungen aufmerksam machen. Ein solches Beispiel ist bei der Stellungnahme der Krebsgesellschaft gegeben, die von der ketogenen Ernährung im Rahmen einer Krebstherapie abrät.

Der Umstieg des Körpers auf den Fettstoffwechsel im Zuge der ketogenen Ernährung ist mit unangenehmen Begleiterscheinungen während der ersten Tage der Ernährungsumstellung verbunden. Diese

> **Reale Geschichte**
>
> Ein Junge namens Charlie Abraham litt unter epileptischen Anfällen, keine Medikamente konnten seine Krankheit lindern. Die ketogene Ernährung soll ihm dabei geholfen haben, seit 1993 keinen epileptischen Anfällen mehr zu unterliegen. Es wurde eine spezielle Stiftung gegründet, die den Namen Charlie Foundation trägt und auf der eigenen Website näher informiert.

Begleiterscheinungen sind unter dem Begriff der Keto-Grippe bekannt.

Neben der ketogenen Ernährung ist die Low-Carb-Ernährung ein weiteres Beispiel für eine bekannte kohlenhydratreduzierte Ernährungsform. Bei Low-Carb ist das Ziel nicht die Ketose, sondern eine Reduktion des Kohlenhydratkonsums auf 50 bis 130 Gramm täglich. Dadurch sollen sich ähnliche Vorteile einstellen wie bei der ketogenen Ernährung.

7.1.3 Stoffwechselkuren

Die heutigen Stoffwechselkuren mit den dazu vertriebenen Nahrungsergänzungsmitteln sind auf eine Idee des britischen Arztes Dr. Simeons zurückzuführen. Dieser spritzte Frauen das Hormon hCG, welches während der Schwangerschaft produziert wird und die Fettzellen im menschlichen Körper angreift. Aus diesem Grund werden die Stoffwechselkuren alternativ auch als hCG-Diäten bezeichnet.

Bei den kommerziell vertriebenen Stoffwechselkuren wird das Hormon nicht gespritzt. Stattdessen wird auf die hCG-Globuli zurückgegriffen, die homöopathische Mittel sind. Sie enthalten nach Herstellerangaben die energetisierende Information des Hormons, wodurch die Fettverbrennung angetrieben werden soll. Im Rahmen der Stoffwechselkuren wird die Nahrungsmittel- und Kalorienzufuhr radikal reduziert, wobei Nahrungsergänzungsmittel eingenommen werden, um keine Mangel- oder Unterernährung zu erleiden. Bei Stoffwechselkuren wird häufig eine Beschränkung der Kohlenhydratzufuhr getroffen, die strenger ist als bei der ketogenen Diät, um den Fettstoffwechsel zur beschleunigten Fettverbrennung anzutreiben.

7.2 Der Körper des Menschen

Auf unserer Reise durch den menschlichen Körper werden wir uns mit einem Teil der Organe befassen. Die Organe wurden nach der Relevanz für den Körper und der Häufigkeit in Gesprächen gewählt, wobei u. a. die überlebenswichtigen drei Organe Herz, Gehirn und Lunge kurz vorgestellt werden. Anschließend widmen wir uns der Haut als speziellem Organ, dem Blut und dem Immunsystem. Eine abschließende Übersicht über grundlegende Messwerte macht dich im Bereich des menschlichen Körpers gesprächstüchtig.

7.2.1 Organe und deren Funktionen

Herz

Das Herz ist dafür zuständig, Blut durch den Körper zu pumpen. Aus der linken Herzhälfte wird das in der Lunge mit Sauerstoff angereicherte Blut über die Arterien in den Körper transportiert. Der Rücktransport erfolgt über die Venen zum Herzen und dann zur Lunge, um dort erneut mit Sauerstoff angereichert zu werden. Es entsteht ein Kreislauf, weswegen vom Herz-/Kreislaufsystem die Rede ist.

Lunge

Die eingeatmete Luft wird über Nase, Rachen, Kehlkopf, Luftröhre und Bronchien bis in die Lungenbläschen und somit die Lunge transportiert. In den Lungenbläschen findet der Gasaustausch statt, wobei in der Lunge der Sauerstoff aufgenommen und über das Blut zum Herzen weitergeleitet wird. Die Abfallstoffe aus der aufgenommenen Luft sowie aus dem Energiestoffwechsel werden ausgeatmet.

Gehirn

Das Gehirn ist das zentrale Steuerorgan des Körpers. Über verschiedene Areale (Bereiche) werden Bewegungen und Gedanken gesteuert. Zudem wird über das Gehirn die Ausschüttung von Hormonen veranlasst, die das emotionale Empfinden des Menschen beeinflussen. Das Gehirn wird in verschiedene Bereiche eingeteilt, die sich nach Lage, Größe und Aufgaben richten: Großhirn, Kleinhirn, Zwischenhirn, Mittelhirn, Nachhirn.

Darm

Der Darm ist Bestandteil des menschlichen Verdauungstraktes. Hier wird die Verdauung der Nahrung aus dem Magen fortgesetzt. Zudem werden verwertbare Nährstoffe in die Blutbahn aufgenommen. Nicht verwertbare Nährstoffe werden bis in den Dickdarm weitergeleitet, wo sie ausgeschieden werden. Auseinandergefaltet hat der Darm eine Länge von ungefähr acht Metern. Der Darm weist zudem ein feines Nervengeflecht auf, über das Hormonausschüttungen und somit auch unsere Stimmung beeinflusst werden. Aus diesem Grund wird der Darm in Fachkreisen gelegentlich „zweites Gehirn" genannt.

Leber

Aus dem Darm über die Pfortader gelangen die Nährstoffe, im Blut transportiert, in die Leber. Dort finden verschiedene Prozesse statt. Je nach Bedarf und Art der Nährstoffe werden sie verwertet, umgewandelt, gespeichert oder abgebaut. Gelangen giftige Stoffe in den Organismus, dann werden sie über die Leber in nicht giftige Stoffe umgewandelt. Ein Beispiel hierfür ist der Alkohol. Zu starker Alkoholkonsum kann zur krankhaften Fettleber führen, die schlimmstenfalls in einem Leberversagen endet.

Nieren
Die Nieren haben mehrere Funktionen im Körper. Zum einen sind sie für die Ausscheidung giftiger Substanzen aus dem Körper verantwortlich, was durch eine Filterung des Blutes erfolgt. Zum anderen werden einige Hormone in den Nieren produziert und die Wasser- und Elektrolythaushalte sowie das Säure-Basen-Gleichgewicht reguliert.

Bauchspeicheldrüse
In der Bauchspeicheldrüse wird Verdauungssekret gebildet, das im Zwölffingerdarm die Verdauungsprozesse unterstützt. Des Weiteren werden in der Bauchspeicheldrüse die Blutzucker regulierenden Hormone Insulin und Glukagon produziert. Zudem findet die Produktion des Hormons Somatostatin in der Bauchspeicheldrüse statt. Dieses Hormon hemmt die Ausschüttung weiterer Hormone und übt eine generell auf den Körper regulierende Funktion aus.

Weiterführende Inhalte...

Ein in der Landschaft der Literatur einzigartiges Buch ist das Werk „Darm mit Charme" (2014), das von der jungen Wissenschaftlerin Giulia Enders verfasst wurde. Es informiert umfassend und auf eine nicht zu wissenschaftliche und humorvolle Art und Weise über ein Organ, das nach Aussage des Buches unterschätzt wird.

7.2.2 Haut

Die Haut setzt sich aus mehreren Schichten zusammen. Nicht allen Personen ist bekannt, dass die Haut ein Organ ist. Merke dir diese Tatsache deswegen besonders gut. Je nach Schicht der Haut ergeben sich andere Aufgaben. Im Großen und Ganzen ist die Haut dafür zuständig, den menschlichen Körper gegen Einflüsse von außen abzuschirmen. Mit dem Alter verändert sich das Hautbild, was neben den natürlichen Alterungsprozessen auf die Folgen des Lebenswandels zurückzuführen ist. Wer beispielsweise raucht, hemmt den Transport von Nährstoffen zur Haut, sodass Hauterkrankungen und ein beschleunigter Alterungsprozess mögliche negative Konsequenzen sind. Um ein besseres Erscheinungsbild der Haut zu fördern, gibt es im Rahmen der Ästhetischen Medizin mit dem PRP Vampirlifting, der Mesotherapie sowie weiteren Maßnahmen spezielle Behandlungsformen.

7.2.3 Blut

Das Blut ist für den Transport des überlebenswichtigen Sauerstoffs, der Nährstoffe, der Hormone und weiterer Stoffe im menschlichen Organismus verantwortlich. Es setzt sich aus Blutkörperchen und Blutplasma zusammen. Die Blutkörperchen werden in Erythrozyten (rote Blutkörperchen), Leukozyten (weiße Blutkörperchen) und Thrombozyten (Blutplättchen) unterteilt.

- Erythrozyten enthalten roten Blutfarbstoff und transportieren Sauerstoff sowie Kohlendioxid
- Leukozyten wehren Krankheitserreger und dem Körper fremde Stoffe ab
- Thrombozyten sind an der Blutgerinnung beteiligt

Die aufgezählten Blutkörperchen sind fest und haben einen Anteil von bis zu 45 % am Blutvolumen, während das flüssige Blutplasma zu bis zu 55 % Anteil am Blutvolumen hat. Das Blutplasma transportiert u. a. Stoffwechselprodukte. Plasmaspenden verhelfen Personen nach Operationen, Unfällen, in der Krebsbehandlung und bei bestimmten Krankheiten zu besserer Gesundheit.

7.2.4 Immunsystem

Das Immunsystem setzt sich aus den primären und den sekundären lymphatischen Organen zusammen. Den ersteren gehören das Knochenmark und der Thymus an. Die entsprechenden Zellen reifen so heran, dass sie in der Lage sind, fremde und schädliche Substanzen oder Stoffe – sogenannte Antigene

– zu erkennen. Zu den sekundären lymphatischen Organen gehören die verschiedenen auf Schleimhäuten auffindbaren Gewebe, wie beispielsweise:

- Lymphknoten
- Mandeln
- Milz
- Peyer-Plaques des Dünndarms

Die Abwehrzellen, die in den lymphatischen Organen auffindbar sind, kommunizieren über Botenstoffe miteinander. Diese Botenstoffe werden Zytokine genannt.

Der Stärkung des Immunsystems dienen einerseits Impfungen, andererseits eine Reihe an Maßnahmen, die dem gesunden Lebenswandel zugeordnet werden. Bei Impfungen werden dem Körper Fremdantigene eingeimpft, gegen die er daraufhin Antikörper entwickelt, die vor einer Infektion schützen. Der Körper wird bei Impfungen also künstlich infiziert, allerdings geschieht dies mit einer speziellen und abgetöteten Form des Erregers, sodass es für den Körper unschädlich, stattdessen aber – nach den Grundsätzen einer Impfung – gesundheitlich hilfreich ist.

Bei den Maßnahmen, die dem gesunden Lebenswandel zuzuordnen sind und das Immunsystem stärken sollen, bietet sich kontroverses Gesprächsmaterial. Zwar gibt es über den gesundheitlichen Mehrwert und die zentrale Bedeutung von Vitaminen keine Zweifel, aber es finden sich unter den Empfehlungen zur Stärkung des Immunsystems häufig auch diskussionswürdige Tipps. Hierzu gehören auszugsweise das kalte Duschen sowie Saunagänge. Wissenschaftlich haltbare Nachweise für die Stärkung des Immunsystems durch kaltes Duschen und Saunagänge existieren nicht.

7.2.5 Parameter und Messwerte

Blutdruck

Der Blutdruck gibt Auskunft darüber, mit welchem Druck das Herz das Blut durch den Körper pumpt. Es handelt sich um einen wichtigen Parameter zur Bewertung des Gesundheitszustandes mit Hinblick auf das Herz-/Kreislaufsystem. Der Blutdruck wird über ein Blutdruckmessgerät gemessen. Als gesunde Messwerte für den Blutdruck gelten systolische Werte von bis zu 125 mmHg und diastolische Werte von bis zu 80 mmHg. Beides variiert bei Ruhephasen und sportlicher Betätigung.

Körperfettanteil

Dieser Wert wird mit Maschinen gemessen. Beispiele für diese Maschinen sind spezielle Körperwaagen, die mittels elektrischer Ströme durch den Körper dessen Beschaffenheit messen. Dabei werden auch der Muskel- und der Wasseranteil erfasst. Die Empfehlungen zum Körperfettanteil unterscheiden je nach Alter und Geschlecht. Tabellen und weiterführende Infos finden sich auf der Website fit for fun.

pH-Wert

Durch den pH-Wert wird der Säure-Basen-Haushalt im menschlichen Organismus geregelt. Beim Blutplasma beträgt der ideale Wert 7,4. Der Körper verfügt über Puffersysteme sowie Selbstregulationsmechanismen zur Regulation des pH-Wertes. In Notfällen kann es zu einer Deregulation mit Übersäuerung kommen.

Puls

Der Puls gibt an, wie oft das Herz pro Minute schlägt. Welcher Puls medizinisch gesehen in Ordnung ist, wird situations- und patientenbezogen bewertet. Während in Ruhephasen ein Puls von 50 bis 90 Schlägen pro Minute als angemessen beurteilt werden kann, ist bei körperlicher Belastung unter Umständen ein Puls von über 120 normal.

7.3 Drogen und Süchte

Der Grund, weswegen Personen Süchte entwickeln, besteht darin, dass die Suchtmittel an Gehirnrezeptoren andocken. Sie bewirken dort Hormonausschüttungen, die sich im Körper und im Verhalten des Anwenders vielfältig ausdrücken. Ebenso vielfältig wie die Auswirkungen der Stoffe sein können, ist auch die damit verbundene Gefahr. Während der Alkohol ein Genussmittel ist, dessen Konsum in geringen Maßen einer gesellschaftlichen Normalität zugesprochen werden kann, verhält es sich bereits bei den Zigaretten anders. Diese werden im Gegensatz zum Alkohol häufiger als Drogen bezeichnet, wohingegen man den Alkohol vermehrt den Genussmitteln zuordnet und die Bezeichnung als Droge selten ist. Es handelt sich bei beiden Drogen um legalisierte Mittel.

Bei Drogen gilt grundsätzlich, dass mit der Schnelligkeit des Eintretens einer Wirkung die Wahrscheinlichkeit der Suchtentwicklung ansteigt. Demnach werden Alkohol und Nikotin sowie vereinzelt mittlerweile Cannabis klar von anderen Drogen abgegrenzt. Bei den abzugrenzenden Drogen handelt es sich insbesondere um die chemischen Drogen. Hierzu gehören beispielsweise Heroin und weitere Opioide, Kokain, Benzodiazepine sowie Amphetamine.

Dass Drogen der Gesundheit nicht zuträglich sind, ist weitläufig bekannt. Dennoch lassen sich die meisten Menschen gelegentlich zumindest zum Alkohol- und/oder Nikotinkonsum hinreißen. Der Mensch steht bei legalen Drogen selbst in der Verantwortung, einen für sein Befinden vernünftigen Umgang mit Drogen zu entwickeln.

> **Reale Geschichte!**
>
> Das Gewürz Muskatnuss ist in den meisten Lebensmittelläden erhältlich. Es zählt – in größeren Mengen konsumiert – zu den harten Drogen. Die Wirkungen eines übermäßigen Konsums sind unberechenbar und variieren von Person zu Person. Neben euphorischen Zuständen wurde bei einem stark übermäßigen Konsum von Muskatnuss bereits von Horrortrips mit anschließend als langfristiger Konsequenz auftretenden Psychosen berichtet.

8

Unterhaltung und Kunst

Unterhaltung und Kunst sind zwei Aspekte, mit denen sich die Menschen seit jeher gern die Zeit vertrieben haben. Im Bereich Unterhaltung wirst du sicher selbst einige Vorkenntnisse mitbringen; entweder durch Serien, die du gesehen oder Bücher, die du gelesen hast. Es ist also kein kompletter Kaltstart für dich. Das Ziel dieses Kapitels ist es, deinen bisher vorhandenen Kenntnissen einen Feinschliff zu geben und sie in eine Richtung zu lenken, von der aus du mehr Themen-Spielräume bei Gesprächen hast.

Im Prinzip müsstest du in diesem Kapitel Listen mit den Klassikern aus Literatur, Film und Kunst erhalten. Das Problem wäre dann aber, dass die Listen klassischen Schul- und Studienplänen gleichen würden. Aber wer hat schon Lust, die Schullektüre nochmals durchzunehmen? Es wurde in der Gestaltung dieses Kapitels ein Kompromiss geschlossen: Du erhältst am Anfang eines jeden Unterkapitels eine Liste, die je 20 literarische Werke und Filme umfasst. Beim Thema Kunst mit ihren Künstlern und Epochen wird anders vorgegangen. In der Liste mit den 20 literarischen Werken und Filmen findest du auch zahlreiche junge Titel vor. Dies bedeutet, dass der Großteil der vermittelten Titel für dich zeitgemäß sein wird. Nach der Liste folgen zehn näher beschriebene literarische Werke sowie Filme, die teilweise den Vorstellungen von Schule und Studium entsprechen. Mit dieser Gewichtung werden Unterhaltung und Schulwissen so vereinbart, dass es für dich attraktiv ist. Es ist wärmstens angeraten, dass du die Listen nicht nur durchliest, sondern dir einen Plan zusammenstellst, mit dem du nach und nach die Listen abarbeiten kannst.

8.1 Literatur: Vom Bestseller bis zum Klassiker

Bei den folgenden Werken ist es wichtig, zu begreifen, dass speziell die Klassiker – größtenteils die Werke aus dem letzten Jahrtausend – mehr sind als die Sätze und Wörter, die darin enthalten sind. Klassiker zeichnen sich dadurch aus, dass sie Verweise auf das damalige Zeitgeschehen, gesellschaftliche Missstände und andere Aspekte beinhalten. Wenn beispielsweise von der Trilogie „Der Herr der Ringe" die Rede ist, dann spielt der Roman auch auf die Industrialisierung und die Angst der Menschen, ihre Arbeitsplätze an Maschinen zu verlieren, an. Die ersten 20 Werke in der Liste musst du nicht näher untersuchen; hier reicht das aufmerksame Lesen allein. Anders ist es bei den darauffolgenden und näher vorgestellten zehn Werken. Bei diesen empfiehlt es sich, dass du zwischendurch bei jedem Kapitel Google befragst und nach Interpretationen der Inhalte suchst. Dann erfährst du beispielsweise, was Alfred Döblin bei „Berlin Alexanderplatz" mit gewissen Aussagen bezwecken wollte. Dadurch lernst du die Geschichte Berlins in den 20er Jahren näher kennen – so schafft Literatur Allgemeinwissen!

- Menschen im Hotel (Vicky Baum)
- Der Herr der Fliegen (William Goulding)
- Das Café am Rande der Welt (John Strelecky)
- Schuld und Sühne (Fjodor Dostojewski)
- Robinson Crusoe (Daniel Defoe)
- Die Unperfekten (Tom Rachman)
- Der menschliche Makel (Philip Roth)

> **Beispiel**
>
> Fertige dir einen Wochenplan an, in dem du wöchentlich ein paar Stunden für Filme und Bücher reservierst. Sorge dafür, dass das Lesen immer eine höhere Gewichtung hat und mehr Zeit zur Verfügung gestellt bekommt als das Filmeschauen; schließlich dauert das Lesen länger. Fange gern bei den Titeln an, die dich am meisten ansprechen. Wenn du in diesem Wochenplan klar präzisierst, wann du dich ans Buch oder an den Film setzt, dann steigt deine Disziplin, dies in die Tat umzusetzen und somit dein Allgemeinwissen zu fördern. Filme kannst du gern in Gesellschaft schauen. Insbesondere, wenn dir ein Film nicht zusagt, aber einer anderen Person schon, kann diese dich zum Schauen animieren und dir neue Sichtweisen auf den Film eröffnen.

- Die Vermessung der Welt (Daniel Kehlmann)
- Tschick (Wolfgang Herrndorf)
- Middlesex (Jeffrey Eugenides)
- Sakrileg – Der Da Vinci Code (Dan Brown)
- Shades of Grey (Erika Leonard James)
- Millennium-Trilogie (Stieg Larsson)
- Der Fänger im Roggen (Jerome David Salinger)
- Hundert Jahre Einsamkeit (Gabriel Garcia Marquez)
- Friedhof der Kuscheltiere (Stephen King)
- Gottes Werk und Teufels Beitrag (John Irving)
- Die Säulen der Erde (Ken Follett)
- Der Steppenwolf (Hermann Hesse)
- Dracula (Abraham „Bram" Stoker)

Berlin Alexanderplatz (Alfred Döblin)

Protagonist ist der aus der Haft entlassene Franz Biberkopf, der versucht, im Berlin der 1920er Jahre Fuß zu fassen und ein anständiges Leben zu führen. Allerdings gerät er in die falschen Kreise. Verschlungen im Sog der Prostitution, des Raubs und der Kneipenwelt, werden seine guten Vorsätze nach und nach zunichte gemacht.

Der Roman ist lesenswert, weil er die tatsächlichen Zustände in der Berliner Unterwelt der 1920er Jahre gut widerspiegelt.

Der Prozess (Franz Kafka)

Josef K. wird am Morgen seines 30. Geburtstags verhaftet, ohne den Grund dafür zu erfahren. Fortan findet ein Verfahren gegen ihn statt und er wird verfolgt. Weder sein Anwalt noch er können in die Anklageschrift einsehen, während immer mehr Menschen im Umfeld von Josef K. vom Prozess erfahren.

Dieses Werk gilt als eines der wichtigsten Werke des berühmten Autors Franz Kafka. Im Nachhinein gibt es viele Interpretationsmöglichkeiten, wozu u. a. ein Selbstporträt Kafkas zählt, der sich im zerrütteten Verhältnis mit seinem Vater zu Unrecht angeklagt gefühlt habe.

Bildnis des Dorian Gray (Oscar Wilde)

Der junge Dorian Gray wünscht sich, sein ganzes Leben lang jung zu bleiben. Anstelle seiner altert ein Gemälde von ihm, das zudem durch all seine Sünden optisch entstellt wird. Unter Anleitung Lord Wottons wird aus dem jungen und unschuldigen Dorian Grey ein schadhafter Mensch, der nicht altert.

Gerade wegen der außergewöhnlichen Story für damalige Zeiten und der provokanten Art mit vielen beeindruckenden Zitaten, ist das Werk von Oscar Wilde lesenswert. In vielen Filmen und anderen Werken wird auf die Geschichte Dorian Grays angespielt.

Der Name der Rose (Umberto Eco)

In einer Benediktinerabtei ereignen sich Morde. Der Franziskanermönch William von Baskerville ermittelt zusammen mit einem jungen Gefährten. Während einige der Mönche die Apokalypse kommen sehen, dringt William von Baskerville auf der Suche nach einer anderen Ursache für die Morde tief in die Geheimnisse der Abtei ein.

Der Roman von Umberto Eco gehört der Epoche der Postmoderne an, in der das Mittel der Intertextualität häufig zur Anwendung kam. Das Werk spielt demzufolge auf diverse Ereignisse und andere Geschichten an, sodass es – vollständig interpretiert – eine ausgezeichnete Schule des Allgemeinwissens ist.

Aus dem Leben eines Taugenichts (Joseph von Eichendorff)

Der Taugenichts zieht nur mit seiner Geige im Gepäck von Zuhause weg und begibt sich auf ein zielloses Abenteuer. Dabei arbeitet er, wenn sich die Gelegenheit ergibt, und lernt Menschen kennen. Aber immer wieder zieht es ihn auf Reisen. Auch findet er die Liebe seines Lebens, von der er zwischenzeitlich getrennt wird.

Aus der Epoche der Romantik stammend, thematisiert das Werk das allumfassende Thema des Fernwehs. Es lässt sich im Vergleich zu den anderen Klassikern einfacher lesen und deuten.

Fackeln im Sturm (John Jakes)

Die Trilogie besteht aus den Teilen „Die Erben Kains", „Liebe und Krieg" und „Himmel und Hölle". Es handelt sich um ein literarisches und später mit Patrick Swayze, Lesley-Anne Down sowie James Read in den Hauptrollen verfilmtes Epos. Ein Thema ist der Konflikt zwischen den Nord- und Südstaaten, der zum Bürgerkrieg führt. Damit kombiniert sind die Geschichten zweier Familien, die verschiedener kaum sein könnten, aber dennoch befreundet sind.

Wer über die amerikanische Geschichte bis in die Details Kenntnisse sammeln möchte, die in einer abwechslungsreichen und mitreißenden Geschichte verpackt sind, findet kaum ein besseres Werk als „Fackeln im Sturm".

Meditationen (Mark Aurel)

Verfasser dieses Werkes ist kein Geringerer als der römische Kaiser Mark Aurel höchstselbst. Er erklärt in diesem Buch, wie sein Weltbild aussieht. Dabei vermittelt er eine Lebensphilosophie, aus der sich Ratschläge zum Erfolg im eigenen Leben ableiten lassen.

Ein Jahrtausende altes Werk über Persönlichkeitsentwicklung, das nicht unbedingt den heutigen Ansprüchen an politische Korrektheit genügt, aber gerade deswegen so empfehlenswert und erfrischend ist – das ist „Mediationen" oder auch „Selbstbetrachtungen" von Mark Aurel!

Die Elenden (Victor Hugo)

Protagonist Valjean wird durch die Güte eines Bischofs geläutert und stellt sein Leben in die Dienste Gottes. Er führt ein ehrbares Leben, wird aber von seinem alten Widersache Javert – einem Inspektor – verfolgt. Gemeinsam mit dem Waisenkind Cosette, das sich in einen französischen Revolutionär verliebt, flüchtet er. Währenddessen laufen die Vorbereitungen für eine Revolution, die in einer Straßenschlacht der Revolutionäre gegen die Polizisten mündet.

Ein Teil der französischen Geschichte wird auf gelungene Weise mit mehreren Lebensgeschichten verknüpft. Der Erfolg des Romans und seine Qualität sind durch die zahlreichen Verfilmungen und das Musical „Les Misérables" (mit Russell Crowe, Hugh Jackman, Amanda Seyfried und Anne Hathaway) erwiesen – klare Lese- und Filmempfehlung!

Stolz und Vorurteil (Jane Austen)

Hier spielt sich eine Liebesgeschichte zwischen Elizabeth Bennet und Fitzwilliam Darcy ab. Beide überwinden ihren Stolz und die jeweiligen Vorurteile gegenüber dem jeweils anderen, um zueinander zu finden. Gleichzeitig wird das adlige Leben im England um 1800 geschildert.

Der Roman gilt als eines der wichtigsten Werke der englischen Literatur. Was dem Werk derartige Anerkennung verschafft haben dürfte, ist die durchdachte und abwechslungsreiche (manchmal liebevolle und manchmal ironische) Darstellung des Adelslebens in England.

Der Herr der Ringe (J. R. R. Tolkien)

Frodo und seine Gefährten ziehen los, um „den einen" Ring zu vernichten.

Noch nichts davon gehört? Kaum möglich! Oscarprämierte Verfilmungen, diverse begeisterte Leser und die Zeitlosigkeit dieses Klassikers bedingen, dass du davon gehört haben müsstest. Falls nein, dann schau dir gern einmal den Trailer zu den Filmen auf YouTube an. Mehr Erklärung braucht es nicht...

Bevor die Filme in Gänze geschaut werden, sollten die Bücher gelesen werden. Die Trilogie liefert mit Hilfe einiger Interpretationsanreize viel mehr als die Fantasy-Geschichte, die sich vordergründig im Film widerspiegelt. In die Trilogie lassen sich der erste Weltkrieg, die Industrialisierung und Gesellschaftskritik hineininterpretieren.

8.2 Filme: Vom Kassenschlager bis zum Klassiker

- Vom Winde verweht
- Taxi Driver
- Batman – The Dark Knight
- Braveheart
- Gladiator
- Spiel mir das Lied vom Tod
- American History X
- Inception
- 2001 – Odyssee im Weltraum
- Goodfellas – Drei Jahrzehnte in der Mafia
- Das Leben des Bryan
- American Beauty
- Das Schweigen der Lämmer
- Pulp Fiction
- Ziemlich beste Freunde
- Matrix 1–3
- Terminator
- Forrest Gump
- Avatar – Aufbruch nach Pandora
- Star Wars

Titanic (1998)

Mit Kate Winslet und Leonardo DiCaprio in den Hauptrollen – es lernen sich in diesem Film eine junge Frau und ein junger Mann aus verschiedenen Gesellschaftsschichten kennen und lieben. Sie setzen ihre Liebe gegen alle Widerstände durch. Aber der größte Widerstand wird erst noch kommen, denn sie befinden sich auf der Titanic – jenem Schiff, das als unsinkbar galt, aber dennoch im Jahre 1912 versank und das Leben von mehr als tausend Menschen forderte.

Der Film ist als einer der offiziell besten Filme aller Zeiten und aufgrund der bis heute bewegenden Liebesgeschichte sehr beliebt.

Metropolis (1927)

Metropolis thematisiert das Leben in einer Zweiklassengesellschaft. Der Film ist eine Kritik am Kapitalismus und den daraus resultierenden Ungleichheiten. Er ist in stumm abgedreht und erzählt die Geschichte einer Lösung des Problems anhand von Parallelen zur Religion.

Beim zeitgenössischen Publikum kam der Film weniger gut an. Umso mehr ist der Film heutzutage zeitrelevant, weil sich die Gesellschaft der Ungleichheiten intensiver bewusst ist als es seinerzeit der Fall gewesen war.

Dune – Der Wüstenplanet (1984)

Im elften Jahrtausend besiedeln die Menschen den Weltraum. Verschiedene Adelshäuser herrschen auf den Planeten und streiten um die Vormacht. Ein Junge aus einem Adelshaus entkommt einem Anschlag und wird zum Revolutionsführer gegen die Unterdrückung auf dem Wüstenplaneten Dune.

Dieser Klassiker ist für Science-Fiction-Fans sehenswert. Musik-Fans werden durch die Rolle des Weltklassemusikers Sting womöglich positiv überrascht.

Fight Club (1999)

Edward Norton und Brad Pitt in den Hauptrollen spielen zwei Männer, die eine Untergrundvereinigung gründen. Diese Vereinigung nennt sich „Fight Club"; hier kämpfen Männer gegeneinander, als eine Art Selbsthilfeprogramm. Aber je mehr sich die Handlung entspinnt, umso deutlicher wird, dass sich hinter dem Fight Club mehr verbirgt und die beiden Protagonisten sich näherstehen, als sie vermuten.

Ein Film, der mit Story-Wendungen, knallharten Sprüchen und einem überraschenden Ende ein den modernen Ansprüchen genügender Klassiker ist. Aber erzähle bitte nichts davon weiter, denn die dritte Regel im Fight Club lautet: „Ihr verliert kein Wort über den Fight Club!"

The Shining (1980)

Jack Torrance (gespielt von Jack Nicholson) nimmt einen Job als Hausverwalter in einem über den Winter geschlossenen Hotel an. Seine Frau und sein Kind kommen mit. Mit der Zeit häufen sich seltsame Ereignisse, Träume und Visionen – sowohl bei Jack als auch bei seinem Sohn. Jack verändert sich gravierend und versucht, seine Frau und seinen Sohn zu ermorden.

Stephen King lieferte die Romanvorlage, aber Stanley Kubrick als Regisseur inszenierte mit diesem Film ein eigenes Meisterwerk, in dem er stark von der Romanvorlage abwich. Der Film wird der Erfahrung nach bei mehrmaligem Ansehen noch interessanter, da er viele versteckte Hinweise und Deutungsspielräume beinhaltet.

Pulp Fiction (1994)

Pulp Fiction ist kein Klassiker mit intellektuellen Ansprüchen. Er ist phasenweise derart anspruchslos, dass sich die Positionierung als Klassiker hinterfragen lässt – ein Boxer, der einer Bestechung widersteht und von da an von einem Kriminellen, der Geld verlor, verfolgt wird. Dann ein Gangster, der Gefallen an der Frau seines Bosses findet und von nun an in Vorsicht leben muss. Die Elemente und zunächst wirren Handlungsstränge der Story lassen am Ende eine absurde Komödie entstehen.

Lustig, abwechslungsreich und mit einer trotz der vielen Action ruhigen Atmosphäre, hat dieser Film das gewisse Etwas. Es ist der Startschuss zu einer Reihe weiterer Klassiker von Quentin Tarrantino, zu denen auch die neueren Filme „Django Unchained" und „Inglorious Bastards" gehören.

Psycho (1960)

Der Meister des Horror-Genres, Alfred Hitchcock, inszenierte den Thriller Psycho, der damals mit Tabus

> **Beispiel**
>
> Der Film „Room 237" ist eine Art Dokumentation / Analyse des Films „The Shining". Hier kommen Kritiker zu Wort, die in dem Film diverse Verweise entdecken; Verweise auf den Nationalsozialismus, die Ermordungen der Indianer, die angeblich von Stanley Kubrick inszenierte Mondlandung der USA. Es ist bei der Fülle an Deutungsmöglichkeiten kaum denkbar, dass all dies Zufall ist. Kubrick galt als ein Meister-Regisseur, von dem behauptet wird, dass er oftmals Hinweise in seinen Filmen versteckte. Daher ist der Film „Room 237" eine große Empfehlung an dich, wenn du spektakuläre Theorien über „The Shining" zu hören bekommen möchtest oder gern selbst Rätsel löst.

brach und dem Genre neue Perspektiven eröffnete. Eine weibliche Hauptfigur, die unter der Dusche erstochen wird, erregte mit der zugehörigen musikalischen Untermalung weltweite Berühmtheit. Im Film treibt der Serienmörder Norman Bates mit gespaltener Persönlichkeit sein Unwesen.

Mit dem Hintergrundgedanken, dass zu damaligen Zeiten ein solcher Film in Hollywood undenkbar erschien, bietet der Film reichlich interessanten Stoff.

Die Verurteilten (1994)

Der zu lebenslanger Haft verurteilte Andy Dufresne wird in einem gefürchteten Gefängnis untergebracht. Er kann sich von Anfang an nicht in die dortige Gesellschaft einfügen, sodass er mit gewalttätigen Übergriffen gegen sich klarkommen muss. Mit der Zeit steigt sein Ansehen, er schließt Freundschaft mit dem Gefangenen Red und erledigt die Steuererklärungen für die Aufseher im Gefängnis. Während sich im Film unerwartete zwischenmenschliche Beziehungen hervortun, plant Andy seinen Ausbruch.

Der Film ist in diversen Bestenlisten jahrelang auf Platz 1 aufgeführt. Er erzählt eine realistische Geschichte, die in der Schilderung der zwischenmenschlichen Beziehungen ihre Stärken hat.

Der Pate 1-3 (1972, 1974 und 1990)

Erzählt wird die Geschichte des Mafiabosses Michael Corleone, der das Geschäft seines Vaters übernimmt. Die Konkurrenzkämpfe mit anderen Mafia-Clans sowie das Familienleben werden thematisiert. Trotz aller Versuche, die Geschäfte zu legalisieren, wird Michael Corleone stets in die Kriminalität hineingezogen.

Es ist ein integraler Bestandteil des filmischen Allgemeinwissens, sich mit den Filmen der 1970er und 80er Jahre über das Mafia-Wesen auseinanderzusetzen. Die Filme weisen eine geringere Dynamik auf als heutige Mafia- und Kriminalfilme. Um dies zu verstehen und bei Filmen mitreden zu können, ist es gut, einen oder mehrere solcher Filme gesehen zu haben.

Dornenvögel (1983)

Der katholische Priester Ralph widmet sich neben seinen Pflichten intensiv der Farm Drogheda und der dort lebenden Familie. Dabei lernt er die kleine Meggie kennen, die als einziges Mädchen in der Familie vernachlässigt wird, und nimmt sich ihrer an. Als sie erwachsen wird, entwickelt sich zwischen beiden eine tiefe Liebe. Aufgrund seiner angestrebten kirchlichen Karriere kann Ralph sich Meggie nicht hingeben, sie aber weigert sich, ihn aufzugeben.

Der Roman sowie die daraus resultierende Kurzserie sorgten für Aufsehen, weil sie die Debatte um das Keuschheitsgelübde in der katholischen Kirche anheizten – ein authentischer Einblick in die Macht und Abläufe der Kirche in der Vergangenheit.

8.3 Bekannte Künstler, Kunstwerke und Epochen

Dieses Unterkapitel stellt einige der berühmtesten Künstler vor. Um dir gleichzeitig Wissen über bedeutende Gemälde und die Epochen der Kunst zu vermitteln, werden bei jedem der Künstler Informationen über deren Kunstwerke und die Epochen, in denen sie tätig waren, angegeben. Mit den vorliegenden Inhalten wirst du bereits in eine Tiefe kommen, die im Vergleich zur Allgemeinbevölkerung mutmaßlich überdurchschnittliches Wissen im Bereich der Kunst liefert. Möchtest du mit Leuten mitreden können, die sich speziell für Kunst interessieren, empfiehlt sich eine noch tiefere Eigenrecherche.

Michelangelo

Michelangelo lebte im 15. und 16. Jahrhundert, im Zeitalter der Renaissance. Die Epoche der Renaissance folgte auf das im subjektiven Empfinden dunkle und kalte, von Kriegen zerrüttete, Mittelalter. Es kam zu einer Wiederauferstehung von Kunst und Kultur. Um die enorme Bedeutung von Michelangelos Werken über die Renaissance hinaus zu verstehen, genügt ein Ausflug zur Sixtinischen Kapelle, die er mit einem riesigen Fresko an Wänden und Decke ausmalte.

Leonardo Da Vinci

„Mona Lisa", „Das Abendmahl" – es braucht meistens nur die Namen dieser beiden Gemälde, um sofort auf Leonardo Da Vinci zu kommen. Er lebte zu Zeiten der Renaissance im 15. und 16. Jahrhundert. Wie Michelangelo widmete er sich nicht nur der Malerei. Streng genommen war Da Vinci im Kern kein Maler, sondern ein Allround-Talent und Naturforscher. Seine anatomischen Studien, im Zuge derer er mindestens 30 Leichen sezierte und seine Kenntnisse über die Anatomie sowie die Physiologie des Menschen zu Papier brachte, waren maßgebend für die Medizin.

Unterhaltung und Kunst

> **Reale Geschichte!**
> Vincent van Gogh schnitt sich nach Überlieferungen selbst das linke Ohr ab. Der Grund für diesen Akt von Selbstverstümmelung ist bis heute nicht vollends geklärt. Genauso ist nicht geklärt, ob van Gogh – wie überliefert – tatsächlich Selbstmord beging oder im Zuge eines Unfalls starb. Tatsache ist aber, dass sein Privatleben alles andere als ruhig war.

Vincent van Gogh

Der niederländische Maler und Zeichner lebte in der zweiten Hälfte des 19. Jahrhunderts. Dies war die Zeit, in der die Epoche des Spät-Impressionismus in der Kunst eine Hochkonjunktur hatte. Bei den Spät-Impressionisten war der Fokus darauf gerichtet, über eine besonders durchdachte Anwendung von Farben in den Werken dem Betrachter Rückschlüsse auf den Gemütszustand des Künstlers zu ermöglichen. Diese Stilrichtung spiegelt sich in den Werken „Sternennacht" und „Caféterrasse am Abend" von van Gogh gut erkennbar wider.

Claude Monet

Claude Monets Wirken lässt sich verschiedenen Stilrichtungen zuordnen. Seine frühesten Werke gehörten dem Realismus an, der mit seinen realistischen Darstellungen des Lebens das Gegenstück zur Epoche der Romantik war. Daraufhin wandte sich Monet dem Impressionismus zu. Seine berühmtesten Werke verliehen zugleich dem Impressionismus als Stilrichtung eine enorme Bekanntheit, dem allem voran die Werke „Sonnenaufgang" und „Die japanische Brücke" zuzuordnen sind.

Pablo Picasso

Der spanische Maler und Bildhauer verrichtete seine bedeutendsten Arbeiten mit den Gemälden „Les Demoiselles d'Avignon" und „Guernica" in der ersten Hälfte des 20. Jahrhunderts. Seine Werke sind der Epoche der Moderne zuzuordnen, die sich durch revolutionäre und bahnbrechende Stile in der Kunst äußert. Dies spiegelt sich auch in den beiden genannten Werken Picassos wider, die abstrakte und symbolische Elemente aufweisen.

Andy Warhol

Von 1928 bis 1987 lebend, hat Andy Warhol das Zeitalter der Werbung über verschiedene Medien, die Filmbranche und Zeitschriften miterlebt. Er war in all diesen Branchen aktiv und hat in der Kunst zur Entstehung und Verbreitung der Pop Art als Kunstrichtung und kurze Epoche beigetragen. Bei dieser Stilrichtung werden Elemente aus den Medien (z. B. Werbung) entnommen, um in anderer Form dargestellt zu werden. Werke von Andy Warhol, aus denen sich der Stil und sein künstlerisches Wirken gut erkennen lassen, sind mitunter „Shot Marilyn" und „Three Coke Bottles".

Banksy

Banksy ist ein aktuell aktiver und anonymer Künstler, der wahrscheinlich aus Bristol in England stammt. Er war anfangs weltweit als Straßenkünstler bekannt. Seine Werke enthalten politische Botschaften, bei denen oftmals aus den Medien oder anderen Kunstwerken bekannte Motive aufgegriffen werden. Von Ausstellungen und Kunsthäusern hält er nach eigener Aussage wenig, wie die radikale Tatsache veranschaulicht, dass ein von ihm gemaltes Gemälde nach dem Verkauf für ca. 1,2 Millionen Euro durch einen von ihm installierten Schredder geschreddert wurde. Ein Video in einem Artikel der Westdeutschen Zeitung zeigt den Ablauf der Selbst-Schredder-Aktion, die weltweit Aufsehen erregte.

Verknüpfung

Nun wurde neben dem Spät-Impressionismus der Impressionismus als dessen Vorgänger erwähnt. Wenn du die Werke von van Gogh und Claude Monet vergleichst, wirst du vielleicht in van Gogh den spät-impressionistischen und farbenreichen Maler entdecken, während Monets Werke den impressionistischen Fokus offenlegen werden. Dieser bestand darin, die Stimmung der Gegenstände oder Ereignisse zum Ausdruck zu bringen, wobei auf weniger Farbreichtum Wert gelegt wurde als beim Spät-Impressionismus.

9

In alltäglichen Situationen glänzen

Nach all dem Wissen, mit dem wir uns nun ausführlich beschäftigt haben, wird es dich erstaunen, zu hören, dass es einer großen Menge Allgemeinwissen in Gesprächen nicht zwingend bedarf. Ohne Zweifel ist Allgemeinwissen vorteilhaft. Wir haben schließlich den ganzen Stoff in diesem Buch nicht ohne Grund durchgepflügt. Weil es so vorteilhaft ist, bleibt zu hoffen, dass du nach dem Lesen dieses Buches fleißig weiter studieren wirst. Aber das, was in Gesprächen und bei anderen Formen der Interaktion mit dem Menschen einen wichtigen Stellenwert hat, ist deine Ausstrahlung. Welche Ausstrahlung die Menschen um dich herum anspricht, hängt stark vom einzelnen Menschen ab. Aber die Ausstrahlung ist nicht zwingend an eine enorme Menge an Allgemeinwissen geknüpft, wie dir ein interessanter Auszug aus einem Werk von Olivia Fox Cabane (2019) zeigt:

Im Wahlkampf in Großbritannien 1886 tritt William Gladstone gegen Benjamin Disraeli an. Zufälligerweise gehen beide Männer vor dem Wahlkampf mit derselben Frau an verschiedenen Tagen zum Abendessen. Der Presse entgeht dies nicht, woraufhin sich diese erkundigt, welchen Eindruck die beiden Männer der Frau vermittelt hatten. Sie gab – und dies ist exakt der Text, mit dem Fox Cabane die Frau zitiert – zum Besten: "Nach dem Abendessen mit Mr. Gladstone hatte ich das Gefühl, dem klügsten Menschen in ganz England begegnet zu sein. Aber nach dem Abendessen mit Mr. Disraeli hatte ich das Gefühl, ich sei der klügste Mensch in ganz England."

Am Ende gewann Benjamin Disraeli, der der Frau ein gutes Gefühl gegeben hatte. Dass Cabanes Werk den Titel „Das Charisma-Geheimnis" trägt und an dieser Stelle als Beispiel eingebracht wird, führt uns zu einem wichtigen Thema, nämlich zur Ausstrahlung, die als ergänzendes Mittel zum Allgemeinwissen notwendig ist. Bringen wir zwei gegensätzliche Beispiele, um dies zu veranschaulichen:

- Person A weist wenig Allgemeinwissen auf, ist zudem äußerst schüchtern und stottert in Stresssituationen.
- Person B hat ebenfalls wenig Allgemeinwissen, ist allerdings mutig und hat keine sprachlichen Einschränkungen.

Beide Personen eignen sich das notwendige Allgemeinwissen an, aber Person B hat eine bessere Ausstrahlung und kann sich in Gesprächen ungehindert einbringen, während es Person A aufgrund der erschwerten Ausgangssituation schwerer fällt, sich mutig zu präsentieren.

Eines solltest du an dieser Stelle verstehen: Beide Personen und auch jede andere Person sind vollkommen in Ordnung und werden es mit Fleiß schaffen, die Allgemeinwissenslücken mit verschiedenen Informationen zu füllen und sich eine bessere Ausgangsposition zu verschaffen. Aber nichtsdestotrotz wird die Ausgangsposition verschieden sein, was wiederum für dich bedeutet, dass du neben der Aneignung von Allgemeinwissen, um in alltäglichen Situationen zu glänzen, an deiner generellen Ausstrahlung arbeiten solltest. Hierfür eignen sich drei Elemente:

1. Sich auf Personen und Situationen, die absehbar sind, vorbereiten
2. Allgemeinwissen sukzessive mit neuen Erkenntnissen, Verknüpfungen und Recherchen anreichern, um es zu steigern
3. Sich in Sympathie und Bescheidenheit üben

Wie könnte eine entsprechende Vorbereitung aussehen? Gehen wir einmal davon aus, dass du demnächst eine neue Arbeitskollegin kennenlernen wirst, mit der du eine beruflich lockere und sympathische Beziehung pflegen

> **Verknüpfung**
>
> Nichts anderes wirst du auch beim NLP lernen, der Methode zur Persönlichkeitsentwicklung aus dem sechsten Kapitel – dich auf Gespräche vorbereiten und mit den Menschen so kommunizieren, wie es sich in Bezug auf deren soziales Umfeld und deren Herkunft gehört! Das NLP wird dir die Möglichkeit geben, Vorbereitungen differenziert zu treffen und dich an verschiedenste Gesprächspartner anzupassen. Du siehst: Dadurch, dass du an deinem Allgemeinwissen arbeitest und dich mit Modellen wie dem NLP auseinandersetzt, erweiterst du nicht nur dein Allgemeinwissen, sondern entwickelst dich auch selbst weiter.

möchtest. Vielleicht strebst du sogar mehr an, weil dir die neue Kollegin auf Anhieb gefällt. Aber wie ist es dir möglich, aus der Menge an Arbeitskollegen herauszustechen und sie für mehr Gespräche mit dir zu begeistern?

Du weißt im Vorfeld, also bevor die Kollegin ihren neuen Job antritt, dass sie Devina heißt und aus Griechenland kommt. Jetzt beginnen für dich die Vorbereitungen: Was bedeutet der Name Devina? Devina heißt „die Göttliche", womit du die Chance auf einen kreativen und einzigartigen Einstieg ins Gespräch hast. Du könntest sie bei einem Treffen gezielt auf den Hintergrund der Namensgebung ansprechen oder aber noch mutiger vorgehen: „Devina, die Göttliche! Wow, womit hast du dir denn diese Bürde verdient?" Wenn du dabei sympathisch lächelst, wird die Frage als eine nett gemeinte Anspielung auf die Namensherkunft verstanden. Zwar fassen verschiedene Personen Dinge unterschiedlich auf, weswegen dieses Beispiel keinen Anspruch auf ein absolut sicheres und immer gut ankommendes Vorgehen erhebt. Es geht lediglich darum, zu zeigen, dass bereits allein ein Name einen enormen Gesprächsstoff und sympathische Einstiegsmöglichkeiten gibt, sofern man über ein bisschen Allgemeinwissen bezüglich dieses Namens verfügt. Weitere Vorbereitungen könnten das Herkunftsland und dessen Bräuche betreffen. Noch mehr Vorbereitungen: Du arbeitest bereits länger im Büro und kennst das Gebäude sowie die Gegend drumherum. Wo kann man besonders gut eine Auszeit machen oder gemeinsam die Mittagspause verbringen?

So funktioniert es mit den Vorbereitungen. Wichtig ist natürlich, dass du nichts erfindest. Wenn du noch nie in einem Land oder an einem Ort warst, dann verwende die Informationen sparsam. Spiele zudem nicht zu viele Informationen aus. Wenn dir jemand etwas erzählen möchte, dann gönne dieser Person die Gelegenheit und gib der Person das Gefühl, Ahnung zu haben – egal, ob die Person Ahnung hat oder nicht!

Schlussendlich handelt es sich bei dem Beispiel mit der Griechin Devina nur um eines von vielen. Gleiches gilt bei Vorbereitungen auf Gespräche mit anderen Geschlechtern, ganzen Personengruppen, besondere Situationen (z. B. Vorträge, Klassentreffen) und vieles mehr.

Neben der Vorbereitung sind die regelmäßige Erweiterung des Allgemeinwissens sowie Sympathie und Bescheidenheit besonders wichtig. Manchmal braucht es nicht vieler Worte. Gern kannst auch du die in Kapitel 6 vorgestellte Lächeln-Übung durchführen, bei der du dich einfach vor einen Spiegel stellst und in diesen hineinlächelst. So wird sich dein Gesichtsausdruck tagtäglich an immer mehr positive Linien gewöhnen, was das Potential hat, auf Menschen anziehend zu wirken. Am Ende ist das Allgemeinwissen nur etwas wert, wenn auch die grundsätzliche Ausstrahlung stimmt. Einen kleinen Teil davon hast du in diesem Kapitel gelernt, der Rest obliegt nun dir.

Schlusswort

Du verdienst dir bereits dadurch, dass du dieses Buch komplett gelesen hast, Respekt und Anerkennung. Wiederhole die Inhalte dieses Buches am besten regelmäßig. Nur so werden sie mit der Zeit sitzen. Verinnerliche bei alledem eines: Mit dem Wissen, das dir dieses Buch vermittelt hat und bei regelmäßigen Wiederholungen noch vermitteln wird, bist du was dein Allgemeinwissen angeht einer Menge an Personen deutlich voraus. Mache dir diese Tatsache bewusst und verinnerliche sie bestmöglich: „Du bist in Sachen Allgemeinwissen vielen Personen voraus. Es gibt keinen Grund, dich zu verstecken und an dir zu zweifeln."

Fragen und Zweifel sind zwar normal, aber am besten siehst du dir die Personen in deiner Umgebung an, die bisher ein gutes Allgemeinwissen in Gesprächen aufweisen. Dann denke dir einfach: „Wenn andere dazu in der Lage sind, bin ich es auch!" Die Vorteile eines ausgeprägten Allgemeinwissens in gesellschaftlichen Runden bei Unterhaltungen sind Beweis genug dafür, dass sich diese Lektüre und deine weiteren Recherchen lohnen werden. Allgemeinwissen eröffnet dir neue, häufig sogar kreative Perspektiven bei der Gesprächsführung. Du wirst mit der Zeit feststellen, wie umfassend die Kenntnisse sind, die nun in dir schlummern.

Heutzutage werden Bücher immer öfter durch Serien über die Streaming-Anbieter ersetzt. Allgemeinwissen, das wirklich in die Breite geht und so viele Themen umfasst, wie du sie in diesem Buch kennenlernen durftest, wird zunehmend zur Rarität. Aber nicht nur die Tatsache, dass immer seltener zu Büchern gegriffen wird, ist das Problem. Gravierend ist, dass die Inhalte immer mehr an Qualität verlieren. Wenn du Informationen bei Google suchst oder ein E-Book auf Amazon kaufst, kannst du dir nicht wirklich sicher sein, korrekte und Mehrwert bietende Inhalte zu bekommen. Viele Texte und Informationen sind von freiberuflichen Autoren zusammengekauft, die nur das kopieren, was ohnehin im

Internet steht und zum Teil fehlerhaft ist. Dies ist kein allgemeiner Vorwurf, aber er richtet sich an eine beträchtliche Masse verschiedenster Medien.

Genau deswegen erhältst du die Empfehlung, nicht einfach nur „Google" zu fragen, wenn du Inhalte suchst und lernen möchtest. Vielmehr empfehle ich dir, Google auch zu **hinter**fragen. Gleiches gilt für Amazons E-Books und YouTube, die verschiedenste Informationen verbreiten. Insbesondere in den sozialen Medien verbreiten sich Inhalte schnell, die Aufsehen erregen. Jedoch ist vieles, was Aufsehen erregt, nicht objektiv haltbar. Damit du nur hochwertige Inhalte liest, ist angeraten, dass du bei jeder Quelle (egal ob E-Book, Web-Text oder YouTube-Video) die Inhalte prüfst, indem du den Verfasser, dessen Vita und seine Kompetenzen googelst. Ist der Doktor wirklich ein Doktor und unterrichtet er an einer Universität, dann kannst du seinen Inhalten eher glauben als einem Verfasser, der sich nirgendwo im Internet finden lässt. Literatur sowie die Angabe offizieller Seiten (z. B. Bundesregierung, Gesetzestexte) als Quellen sind ein wichtiges Qualitätsmerkmal von Texten. Am besten ist es ohnehin, wenn du dich weniger im Internet und stattdessen mehr über Fachliteratur, Interviews mit Experten im Fernsehen oder Fachmagazine informierst. Springe bei all deinen weiteren Recherchen zudem nicht auf vage Formulierungen oder relative Begriffe an, wie beispielsweise „viele" oder „stark". Kommen diese Begriffe hin und wieder einmal zur Anwendung und werden bei klaren Sachverhalten genutzt, dann sind sie in Ordnung. Aber für gewöhnlich ist es der Idealfall, wenn du anstelle dieser Begriffe klare Statistiken bei deinen Recherchen vorliegen hast, anhand derer dir selbst das Urteil überlassen wird, ob etwas „viel", „wenig", „stark", „schwach" oder anderes ist.

Du siehst: Es gibt einiges bei der weiteren Recherche zu beachten, aber das Fundament wurde durch diesen Ratgeber gelegt. Wende dein neues Wissen mutig an, aber gehe damit sparsam und bescheiden um – so wirst du am ehesten Sympathien von deinen Mitmenschen erhalten!

Quellenverzeichnis

Literatur-Quellen:

Cabane, O. F.: *Das Charisma-Geheimnis – Wie jeder die Kunst erlernen kann, andere Menschen in seinen Bann zu ziehen*. München: mvg Verlag, 2019. 2. Auflage.

Heller, Pr. Dr. J.: *Resilienz – 7 Schlüssel für mehr innere Stärke*. München: Gräfer und Unzer Verlag GmbH, 2013.

Kingston, K.: *Feng Shui gegen das Gerümpel des Alltags*. Reinbek bei Hamburg: Rowohlt Taschenbuch Verlag, 2016. 6.Auflage.

Marx. C.: *101x Geschichte – Alles, was wichtig ist!* Darmstadt: wbg THEISS, 2019.

Menche, Dr. med. N.: *Biologie Anatomie Physiologie*. München: Urban & Fischer Verlag, 2003. 5. Auflage.

Osberghaus, M.: *Das Gesetz der Anziehung – Wie Sie in 21 Tagen kinderleicht das Leben in Reichtum, Glück und Gesundheit beginnen, das Sie sich schon immer erträumt haben.* 2019.

Sewell, K.: *NLP für Anfänger – Das 4 in 1 Buch*. 2020. 2. Auflage.

Online-Quellen:

https://www.tagesspiegel.de/wissen/sprachentwicklung-meindeutsch-dein-deutsch/20354030.html

https://www.merkur.de/sport/fussball/fussball-em-ere25906/em-2016-joachim-loew-wirbel-hosengate-spielfeldrand-mm-6483936.html

https://bulletjournal.com/

https://ereignishorizont-digitalisierung.de/future-shit/fortschritt/

https://www.polestar.com/de/polestar-2/

https://www.youtube.com/watch?v=PqmF70g987Y&t=2461s

https://www.faz.net/aktuell/wirtschaft/netzwirtschaft/die-ces-2015-zeigt-uns-das-total-vernetzte-leben-13361574.html

https://www.handelsblatt.com/adv/sap-live-business/digitale-welt-wie-veraendert-uns-die-totale-vernetzung/19269868.html?ticket=ST-687968-C7TchsQfg9rqgiRBtl0p-ap2

https://eu-datenschutz-grundverordnung.net/eu-dsgvo/

https://www.tagesspiegel.de/wirtschaft/die-folgen-der-dsgvo-was-sich-fuer-wen-im-datenschutz-aendert/22584412.html%20/

https://www.stern.de/digital/online/dsgvo–die-absurden-folgen-des-datenschutz-gesetzes-7999562.html

https://www.heise.de/tipps-tricks/NAS-oder-Cloud-Wann-ist-was-besser-4085190.html

https://www.nationalgeographic.de/wissenschaft/2017/07/10-meilensteine-der-kuenstlichen-intelligenz-forschung

https://www.electrive.net/2020/03/10/tesla-produziert-einmillionstes-elektroauto/

https://efahrer.chip.de/news/nach-corona-krise-tesla-verkaeufe-schiessen-durch-die-decke_102232

https://www.thalia.de/shop/home/artikeldetails/ID41037749.html

https://www.n-tv.de/wissen/Tesla-Roadster-ist-schon-zwei-Jahre-im-All-article21557045.html

https://medizin-und-technik.industrie.de/medizintechnik-studium/faszination-medizintechnik/epithesen-erstaunlich-echter-ersatz-fuer-ohr-auge-nase-und-co/

https://www.welt.de/wirtschaft/article190788643/Teuer-und-ineffizient-Deutschland-bei-Energiewende-abgehaengt.html

https://www.erneuerbareenergien.de/daenemark-und-schweden-vorreiter-bei-erneuerbaren-energien

https://www.bmbf.de/de/energiewende-565.html

Quellenverzeichnis

https://de.statista.com/statistik/daten/studie/4838/umfrage/urlaubsreiseintensitaet-der-deutschen-seit-1972/

https://de.wikipedia.org/wiki/Wikipedia:Hauptseite

https://www.lexas.de/erde/plattentektonik/eurasische_platte.aspx

https://www.bpb.de/nachschlagen/lexika/lexikon-der-wirtschaft/20851/tigerstaaten

https://www.fvw.de/biztravel/reiseservice/visafrei-reisen-der-deutsche-pass-ist-einer-der-staerksten-205650

https://www.travelbook.de/service/visum-pflicht-die-nuetzlichsten-reisepaesse-der-welt

https://www.auswaertiges-amt.de/de

https://www.expedia.de/explore/reiselexikon-backpacker

https://wirtschaftslexikon.gabler.de/definition/reisearten-43678

https://www.n-tv.de/leben/reise/Wie-man-das-beste-Reisemittel-auswaehlt-article20982901.html

https://www.wn.de/Freizeit/Ratgeber/Reise/Berichte/3932107-Preis-Zeit-und-Komfort-Welches-Reisemittel-ist-attraktiver-Fernbus-oder-Bahn

https://www.bundespolizei.de/Web/DE/01Sicher-auf-Reisen/01Mit-dem-Flugzeug/03Was-darf-ich-mitnehmen/was-darf-ich-mitnehmen_node.html

https://www.auswaertiges-amt.de/de/ReiseUndSicherheit

https://europa.eu/european-union/about-eu/history_de

https://www.berliner-zeitung.de/mensch-metropole/konflikt-zwischen-usa-und-russland-der-ewige-kampf-um-rohstoffe-kommentar-li.12790

https://www.sueddeutsche.de/politik/nahostkonflikt-israel-palaestina-chronologie-1.4777106

https://www.handelsblatt.com/politik/international/atomkonflikt-suedkorea-zahlt-usa-mehr-geld-fuertruppenstationierung/23969952.html?ticket=ST-639416-YaO2RXMPv4i3je0RIT3p-ap2

https://www.planet-wissen.de/gesellschaft/wirtschaft/kapitalismus/index.html

https://wirtschaftslexikon.gabler.de/definition/kommunismus-39031

https://www.bpb.de/politik/wirtschaft/wirtschaftspolitik/64227/wirtschaftssysteme

https://de.statista.com/statistik/daten/studie/597304/umfrage/immobilienpreise-alle-baujahre-in-deutschland/

https://de.statista.com/statistik/daten/studie/156959/umfrage/entwicklung-des-goldpreises-seit-1900/

https://www.finanzen.net/rohstoffe/goldpreis

https://www.youtube.com/watch?v=lVhFhR_lSdw&feature=youtu.be

https://www.focus.de/gesundheit/experten/buergel/ein-plaedoyer-fuer-das-laecheln-lassen-sie-sich-das-laecheln-nicht-vergehen_id_5395767.html

https://www.sonntagsblatt.de/artikel/weltreligionen/spiritualitaet-mystik/spiritualitaet-deutschland-was-die-zahlen-verraten

https://www.aerzteblatt.de/archiv/152826/Yoga-Die-positive-Kraft-des-Yoga

https://www.welt.de/wissenschaft/article123325891/Wie-Meditation-Gehirn-und-Geist-veraendert.html

https://www.ndr.de/ratgeber/gesundheit/So-wirken-Yoga-und-Meditation-gegen-Stress,achtsamkeit104.html

https://www.aerzteblatt.de/archiv/152826/Yoga-Die-positive-Kraft-des-Yoga

https://www.youtube.com/watch?v=V5f6l977zKs

Quellenverzeichnis

https://www.brainperform.de/ketogene-ernahrung-vorteile/

https://www.aerzteblatt.de/nachrichten/80678/Ketogene-Diaet-reduziert-Entzuendungsreaktion-im-Gehirn

https://www.krebsgesellschaft.de/deutsche-krebsgesellschaft/klinische-expertise/wissenschaftliche-stellungnahmen.html

https://charliefoundation.org/

https://www.uniklinikum-jena.de/neurochirurgie/Krankheitsbilder/Gehirn/Aufbau+und+Funktion.html

https://www.internisten-im-netz.de/fachgebiete/niere-harnwege/aufbau-und-funktion/funktion-der-niere/

https://www.minimed.at/medizinische-themen/stoffwechsel-verdauung/bauchspeicheldruese/

https://www.springerpflege.de/hautpflege/hauterkrankungen/haut-aufbau-funktion-und-krankheiten/15089698

https://www.fitforfun.de/abnehmen/gesund-essen/schlank-durch-pilates-wie-viel-koerperfett-ist-gesund_aid_7650.html

https://viamedici.thieme.de/lernmodule/physiologie/blut-ph-wert+und+seine+pufferung

https://www.tk.de/techniker/gesundheit-und-medizin/behandlungen-und-medizin/sucht/harte-und-weiche-drogen-2015580

https://www.wz.de/panorama/banksy-bild-schreddert-sich-nach-auktion-selbst-der-videobeweis_aid-33523157

Film-Quellen:
Die Deutschen (2008), ZDF

Room 237 (2013), IFC Films, IFC Midnight

Wie gerecht ist Deutschland? (2017), ZDF

www.ingramcontent.com/pod-product-compliance
Lightning Source LLC
Chambersburg PA
CBHW081230080526
44587CB00022B/3883